Betriebs- und Wirtschaftsinformatik

Herausgegeben von
H. R. Hansen H. Krallmann P. Mertens A.-W. Scheer
D. Seibt P. Stahlknecht H. Strunz R. Thome

Jürgen Nonhoff

Entwicklung eines Expertensystems für das DV-Controlling

Springer-Verlag
Berlin Heidelberg New York
London Paris Tokyo

Dr. Jürgen Nonhoff
Universität Osnabrück, Fachgebiet Wirtschaftsinformatik
Rolandstraße 8, D-4500 Osnabrück

ISBN-13: 978-3-540-50760-4 e-ISBN-13: 978-3-642-93410-0
DOI: 10.1007/978-3-642-93410-0

2142-3140-543210 - Gedruckt auf säurefreiem Papier

Vorwort

Kennzahlensysteme sind ein bekanntes und bewährtes Instrument zur Unterstützung der Controllingaufgaben. Der zunehmende Einsatz der elektronischen Datenverarbeitung (DV) in den Unternehmen bietet darüber hinaus zahlreiche Möglichkeiten, die Durchführung der Steuerungs- und Kontrollaufgaben innerhalb eines Unternehmens zu erleichtern. Zum einen ist das Verwenden konventioneller Software sinnvoll, die vor allem die Berechnungen und die graphische Darstellung der Kennzahlen übernehmen kann. Zum anderen stellt sich dem Wirtschaftsinformatiker heute die Frage, ob der Einsatz eines Expertensystems zur Analyse der Kennzahlen möglich und sinnvoll ist.

Die vorliegende Arbeit zeigt, daß sich für das Controlling der Datenverarbeitung ein Instrument entwickeln läßt, das sowohl ein Kennzahlen- als auch ein Expertensystem einschließt und eine effektive Steuerung und Kontrolle der DV-Abteilung eines Unternehmens erlaubt. EXARK (Expertensystem zur Analyse von DV- insbesondere Rechenzentrums-Kennzahlen) ist eine Mischung aus "konventioneller" Software (1-2-3) und der Sprache PROLOG. Das Expertensystem umfaßt Funktionen zur Abfrage der Analyseergebnisse, zur Bewertung von Kenzahlenveränderungen, zur Erklärung der Bewertungen sowie zum Wissenserwerb.

Die Arbeit entstand während meiner Tätigkeit als wissenschaftlicher Mitarbeiter am Fachgebiet Wirtschaftsinformatik der Universität Osnabrück. Sie ist eine überarbeitete Fassung meiner Dissertation mit dem Titel "Entwicklung eines Expertensystems für das DV-Controlling auf der Basis einer Analyse ausgewählter Steuerungsinstrumente", die vom Fachbereich Wirtschaftswissenschaften angenommen wurde.

Besonders danke ich Herrn Prof. Dr. Peter Stahlknecht für die Förderung, die er der Arbeit zukommen ließ. Mein Dank gilt weiterhin Herrn Prof. Dr. Thomas Witte für die Übernahme des Korreferats sowie all denjenigen, die mich mit Rat und Tat bei der Anfertigung der Arbeit unterstützt haben. Mein Dank gilt zudem den vielen Gesprächspartnern aus der Praxis vor allem Herrn Dipl. Ing. Helmut Bender und Herrn Harald Daibel, die mir einen breiten und tiefen Einblick in die Controllingarbeiten gewährten. Schließlich bedanke ich mich bei Frau Friederike Hubrich und Herrn Dipl.Kfm. Manfred Brüna für das intensive Korrekturlesen.

Jürgen Nonhoff

Inhaltsverzeichnis

Abbildungsverzeichnis

Abkürzungsverzeichnis

Abb.	Abbildung
APL	A Programming Language
allg.	allgemein
Ans.	Anschläge
AV	Anlagevermögen
BASIC	Beginners All purpose Symbolic Instruction Code
Bef	Befehl
BEKO	Betriebskosten
BPS	Bytes per Second
CD-ROM	Compact Disk Read Only Memory
CICS	Customer Information System
COM	Computer Output on Microfilm
COPE	Computer Performance Evaluator
CPU	Central Processing Unit
DEKO	Datenerfassungs-Kosten
DOS	Disk Operating System
Drucks.	Druckseiten
DV	Datenverarbeitung
E/A	Ein-/Ausgabe
EK	Eigenkapital
Entwickl.	Entwicklung
ESE	Expert System Environment
EXARK	Expertensystem zur Analyse von DV - insbesondere Rechenzentrums-Kennzahlen
EXCP	Executed Channel Program
FK	Fremdkapital
FrDik	Fremde Dienstleistungs-Kosten
ggf.	gegebenenfalls
GUIDE	Guidance Users of Integrated Data processing Equipment
HW	Hardware
i.d.R.	in der Regel
i.e.S.	im engeren Sinne
I/O	Input/Output
IMS	Information Management System

IPAC	Bezeichnung für ein Berichtssystem
ISIS	Infratest Information Services
K	Kosten-Kennzahlen
Kalk	Kalkulation
KB	Kilo-Byte
KI	Künstliche Intelligenz
KO	Kosten
konv.	konventionell
KVDE	Kosten-Kennzahl für VDE
KVE	Kosten-Kennzahl für VE
KVEA	Kosten-Kennzahl für VEA
KVER	Kosten-Kennzahl für VER
KVKO	Kosten-Kennzahl fur VKO
KVOU	Kosten-Kennzahl für VOU
KVSONST	Kosten-Kennzahl für VSONST
KZ	Kennzahl
KZAUS	Arbeitsblatt zur Zwischenspeicherung der Daten
KZBERT	Arbeitsblatt zur Berechnung der Kosten-Kennzahlen
KZBEWERT	Arbeitsblatt zur Aufbereitung der Daten für das Expertensystem
KZEINKOS	Arbeitsblatt zur Eingabe der Kosten-Kennzahlen
KZEINUMS	Arbeitsblatt zur Eingabe der Umsatz-Kennzahlen
L	Leistungs-Kennzahl
Lasdrs.	Laserdruckseiten
Lfd.	laufend
LISP	List Processing Language
LOC	Lines of Code
M	Mutationen (Veränderungen)
MA	Mitarbeiter
MF	Master-Fiche
MIPS	Millions of Instructions Per Second
MIT	Massachusetts Institute of Technology
Mio.	Million
N	Nutzen-Kennzahl
Nr.	Nummer
O-A-W	Objekt-Attribut-Wert
P	Punkte
PC	Personal Computer

Persk	Personalkosten
P&K	Planung und Kontrolle
PROLOG	Programing in Logic
R-L-System	Rentabilitäts-Liquiditäts-Kennzahlensystem
RAV-X	Rechenzentrums-, Abrechnungs- und Berichtsverfahren-Extended
RMF	Ressource Measurement Facilities
ROI	Return on Investment
RZ	Rechenzentrum
S	sonstige Struktur-Kennzahl
Sachk.	Sachkosten
SLR	Service Level Reporter
SMF	Service Management Facilities
SVD	Schweizerische Vereinigung für Datenverarbeitung
SW	Software
Syst.	System
TCE	Thousand Code Elements
TP	Teleprocessor
TSO	Time Sharing Option
Tsd.	Tausend
u.	und
u.a.	unter anderem
UV	Umlaufvermögen
VDE	Verlagsgemeinschaft Datenerfassung
VE	Verlagsgemeinschaft
VEA	Verlagsgemeinschaft Anwendungsentwicklung
VEB	Verlagsgemeinschaft Betriebswirtschaft
VER	Verlagsgemeinschaft Rechenzentrum
VES	Verlagsgemeinschaft Systemprogrammierung
VKO	Verlagsgemeinschaft Kommunikation
VOU	Verlagsgemeinschaft Output
VSONST	Verlagsgemeinschaft sonstige Abteilungen
VVDE	Verrechnungs-Kennzahl für VDE
VVE	Verrechnungs-Kennzahl für VE
VVEA	Verrechnungs-Kennzahl für VEA
VVER	Verrechnungs-Kennzahl für VER
VVES	Verrechnungs-Kennzahl für VES

VVKO	Verrechnungs-Kennzahl für VKO
VVOU	Verrechnungs-Kennzahl für VOU
VVSONST	Verrechnungs-Kennzahl für VSONST
Zinsk	Zinskosten
ZVEI	Zentralverband der deutschen Elektrotechnischen Industrie
z.B.	zum Beispiel
z.Z.	zur Zeit

1 Einleitung

1.1 Vorgehensweise

Da die Datenverarbeitung in immer größerem Umfang Eingang in die Unternehmen und dort in fast alle Abteilungen findet /vgl. DIR 85, S. III/, bedarf sie in zunehmendem Maße des Controllings, d.h. sie muß sich die Frage nach ihrer Effizienz gefallen lassen.

In Zusammenarbeit mit der Abteilung der Datenverarbeitung (DV-Abteilung) eines bundesdeutschen Medienkonzerns wird der Frage nachgegangen, wie ein effektives Controlling im DV-Bereich zu gestalten ist. Bisher existiert für diese Aufgabenstellung in dem DV-Unternehmen[1] des Medienkonzerns ein vorwiegend listenorientiertes Berichtssystem, das aber auch im Dialog Auskunft über die Entwicklungen der einzelnen Kostenarten geben kann. Es beschränkt sich im wesentlichen auf die Wiedergabe von Absolutzahlen und prozentualen Veränderungen.

Ein Instrument des Controllings sind Kennzahlensysteme, die u.a. dabei behilflich sind, Ursache-Wirkungszusammenhänge aufzuzeigen. Im Rahmen der vorliegenden Arbeit wird untersucht, inwieweit Kennzahlensysteme für das DV-Controlling vornehmlich in dem Medienkonzern effektiv einsetzbar sind und welche der dabei anfallenden Tätigkeiten von einem Rechner übernommen werden können. Der zuletzt genannte Aspekt wirft dabei einige Fragen auf:

- Mit welcher Software läßt sich die große Zahl der Berechnungen schnell und benutzerfreundlich realisieren?
- Inwieweit kann der Einsatz eines Expertensystems[2] für das DV-Controlling eine zusätzliche Verbesserung der Entscheidungsqualität mit sich bringen?

Zur Klärung der angesprochenen Untersuchungsziele wurde wie folgt vorgegangen:

Der Darstellung der Controlling-Aufgaben insbesondere für die DV-Abteilung schließt sich eine Beschreibung der mit dem Einsatz der DV verfolgten Ziele und

[1] Die DV-Abteilung des Medienkonzerns stellt ein eigenständiges Unternehmen dar.

[2] Expertensysteme sind wissensbasierte Programme, die in einem eng abgegrenzten Anwendungsbereich die Problemlösungsfähigkeiten menschlicher Experten erreichen oder sogar übertreffen /vgl. ALL 87, S. 151/. Eine nähere Definition des Begriffs *Expertensystem* folgt in Kapitel 6.

eine einleitende Diskussion über die Einsatzmöglichkeiten von Kennzahlen und Kennzahlensystemen in der DV-Abteilung an.

Danach werden die Begriffe *Berichts-* und *Kennzahlensystem* definiert, die an sie gestellten Anforderungen genannt und ausgewählte 'klassische' betriebswirtschaftliche Kennzahlensysteme vorgestellt. Die Darstellung der für den finanzwirtschaftlichen Bereich wohl bekanntesten Kennzahlensysteme dient dazu, die unterschiedlichen Eigenschaften der Systeme auf ihre Verwendbarkeit für den DV-Bereich zu überprüfen. Die dabei gewonnenen Erkenntnisse werden bei der späteren Entwicklung eines DV-Kennzahlensystems berücksichtigt.

Der nächste Schritt der Untersuchung besteht darin, die Bedeutung von Kennzahlen für den DV-Bereich zu diskutieren, wichtige Kennzahlen zu nennen und sie systematisch darzustellen. Hierbei wird zudem das Problem der Abwägung zwischen dem Aufwand der Datenermittlung und dem Nutzen der jeweiligen Kennzahl angesprochen. Die sich anschließende Beschreibung bereits existierender DV-Berichts- sowie Kennzahlensysteme verfolgt den Zweck, die vorhandenen Systeme auf ihre Verwendbarkeit im betrieblichen Einsatz zu untersuchen und ihre Stärken und Schwächen herauszuarbeiten.

Aufbauend auf den theoretischen Vorarbeiten läßt sich nunmehr ein System entwikkeln, das ein effektiveres DV-Controlling ermöglicht. Dabei wird den Phasen des Systementwurfes folgend vorgegangen (Projektbegründung, Ist-Analyse, Rahmenvorschlag, Programmentwurf, Einführung). Die dazu entwickelten Programme stellen eine Verbesserung des DV-Controllings mit 'konventioneller' Software dar.

Im Anschluß daran wird der Frage nachgegangen, inwieweit der Einsatz von Expertensystemen zusätzliche Verbesserungen für das DV-Controlling ermöglichen kann.

Ein Abschnitt wird sich deshalb mit dem aktuellen Stand der Expertensystem-Forschung beschäftigen. An dem Kennzahlensystem für den Medienkonzern wird sodann gezeigt, welche Aufgaben des DV-Controllings von einem Expertensystem übernommen werden können.

Die DV-technische Realisierung des entworfenen Systems stellt das im Rahmen der Arbeit entwickelte Programmsystem EXARK (Expertensystem zur Analyse von DV-insbesondere Rechenzentrums-Kennzahlen) dar. Die konventionellen Programmteile wurden hauptsächlich mit dem Software-Paket 1-2-3 von Lotus erstellt, während die weiteren Aufgaben von in PROLOG geschriebenen Programmen ausgeführt werden.

1.2 Problemspezifizierung

Zu dem Aufgabengebiet des Controllings allgemein gehören die laufende *Informationsbeschaffung*, *Informationsverarbeitung*, *Informationsbereitstellung* und *Informationsdurchsetzung* /vgl. BIS 85, S.19/. Das Controlling verfolgt ein mittelbares (übergeordnetes) sowie mehrere gegenseitig abhängige unmittelbare Ziele, die dazu beitragen, das übergeordnete Ziel zu erreichen /vgl. SCM 86, S. 56/:

- mittelbar:
  - Einhaltung bzw. Verbesserung der Gesamtzielerreichung,
- unmittelbar:
  - Verbesserung der Koordination,
  - Entlastung der Unternehmensführung,
  - informatorische und beratende Unterstützung der Führungsebene.

Dic Entwicklung des DV-Einsatzes in den Betrieben zeigt, daß sich die Bindung der Unternehmen an die DV ständig verstärkt /vgl. BIS 85, S. 21/. Mit der teilweise vollständigen Abhängigkeit der Lebensfähigkeit der betrieblichen Prozesse von der DV rückt die DV-Abteilung in die Funktion einer Schaltzentrale, die das Controlling in diesem Unternehmensbereich unumgänglich macht /vgl. BIS 85, S. 21/.

Die speziellen Aufgaben des **DV-Controllings** verdeutlicht Abbildung 1.1. Dabei ist zwischen den Aufgaben des DV-Controllings im engeren und im weiteren Sinne zu unterscheiden. Erstere bestehen darin, ein System zur Planung und Kontrolle der mit dem Einsatz der DV verbundenen Tätigkeiten zu entwerfen, die Auswahl der für das Management relevanten Informationen durchzuführen und die Gestaltung eines Koordinationssystems für den internen DV-Bereich vorzunehmen. Das DV-Controlling im weiteren Sinne umfaßt zudem die Koordination der gesamten betrieblichen Informationsversorgung und die permanente Anpassung der DV-Controllinginstrumente an veränderte Bedingungen.

Die Aufgabe der Koordination der gesamten betrieblichen Informationsversorgung besteht darin, festzulegen,

- wer,
- wie,
- wann,
- welche

Informationen aus dem entwickelten System erhalten soll.

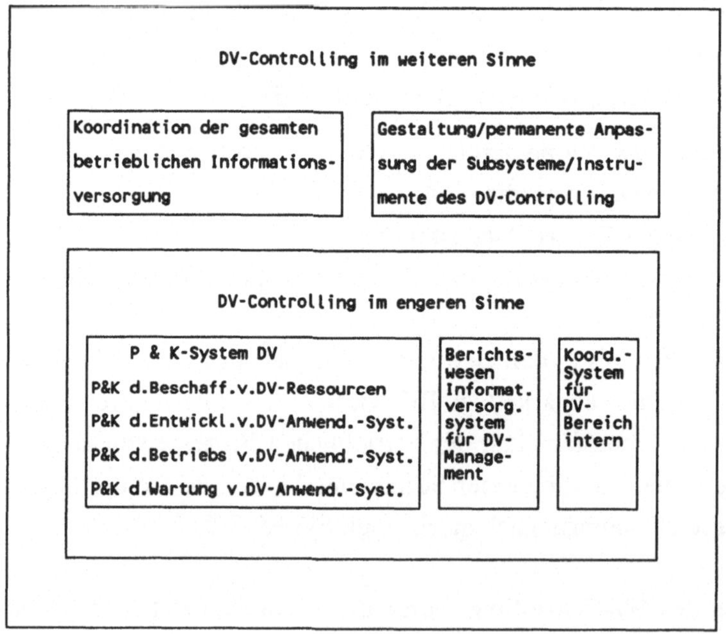

Abb. 1.1: Aufgaben des DV-Controllings /vgl. SEI 83, S. 210/

Das Wirtschaftlichkeitsprinzip als wesentliches Ziel der Unternehmensführung gilt auch für die DV-Abteilung. Wirtschaftlichkeit, die als Kennziffer ausgedrückt Ertrag und Aufwand ins Verhältnis setzt /vgl. WÖH 81, S. 49/, verlangt die günstigste Ausnutzung des vorhandenen DV-Systems. Dazu ist in erster Linie zu gewährleisten, daß jede Aufgabe mit einem Minimum an Maschinen- und Personalaufwand erledigt wird /vgl. RÖH 81, S. 88/.

Den Leistungen, die die DV-Abteilung erbringt, stehen jedoch nur zu einem geringen Teil Erträge gegenüber. Darüber hinaus fällt es schwer, die Zusatzleistungen der DV und auch die sonstigen Effekte vollständig zu quantifizieren. Deshalb wird im weiteren der umfassendere Begriff *Nutzen* zur Beschreibung der positiven Effekte des DV-Einsatzes verwendet. Der nicht quantifizierbare Nutzen findet seinen Niederschlag in den folgenden DV-Zielen:

- hohe Rechnerauslastung,
- schnelle Schriftguterstellung,
- Fehlerfreiheit,
- hohe Benutzerzufriedenheit,
- guter Benutzerservice,
- hohe Verfügbarkeit,
- kurze Bearbeitungszeiten,
- kurze Antwortzeiten,
- Termintreue,
- umfassende Entscheidungsunterstützung und
- große Planungs- und Prognosegenauigkeit

gewährleisten /vgl. ANS 84, S. 43/.

Einige Ziele sind gegenläufig, z.B. die Ziele *hohe Rechnerauslastung* und *kurze Bearbeitungszeiten*.

Damit die DV-Abteilung im Sinne des Controllings effektiv gesteuert und gelenkt werden kann, bedarf es demnach einer näheren Betrachtung der Ziele. Dazu sollen sie in kostenbeeinflussende (im wesentlichen produktionsorientierte) und in den Umsatz bestimmende (serviceorientierte) Ziele unterteilt werden. Die ersten drei Ziele in der obigen Aufzählung (hohe Rechnerauslastung, eine gute Schriftguterstellung und Fehlerfreiheit) sind in erster Linie kostenbeeinflussende Ziele, während die restlichen hauptsächlich den Umsatz beeinträchtigen. Eine eindeutige Zuordnung ist allerdings nicht möglich, da einige Ziele sowohl die Kosten als auch den Umsatz beeinflussen /vgl. BRA 81, S.67f. u. GRO 79, S. 121/.

Eine besondere Problematik ergibt sich bei den Servicezielen aufgrund der unterschiedlichen Nutzung der DV-Anlage (Stapel-, Dialog- und Prozeßdatenverarbeitung), da bei jeder Nutzung andere Ansprüche von dem Benutzer vor allem bzgl. der Beurteilungskriterien *Bearbeitungszeit* und *Verfügbarkeit* an die DV-Anlage gestellt werden:

Benutzer-	- Stapelverarbeitung:	- Einhalten von Terminen;
forderung:	- Dialogverarbeitung:	- kurze Antwortzeit,
		- hohe Verfügbarkeit;
	- Prozeßverarbeitung:	- sehr hohe Verfügbarkeit.

Ziel der vorliegenden Arbeit ist es, ein möglichst allgemeingültiges System zu entwikkeln, das den DV-Controller bei der Bewältigung der genannten Aufgaben unterstützt, das einen Zeit-, einen Plan/Ist- und einen Betriebs-Vergleich erlaubt und dessen Aufstellung mit einem vertretbaren Aufwand möglich ist.

Ein geeignetes Hilfsmittel für ein solches System sind Kennzahlen, da sie zum einen für den internen Vergleich und den Betriebs-Vergleich ein unerläßliches Instrument bilden und da sie zum anderen aussagekräftige, kompakte und schnell übermittelbare Informationsträger sind /SCM 86, S. 109/. Die isolierte Betrachtung von Einzelkennzahlen hat nur eine geringe Aussagekraft, weil sie zu einer unausgewogenen, einseitigen Beurteilung und Interpretation eines Wertes verleitet und weil das sachlogische und wertmäßige Zustandekommen der Kennzahlen nicht erkennbar ist /vgl. SCM 86, S. 162/.

Bessere Analysen werden durch Kennzahlensysteme ermöglicht. Insbesondere wenn wesentliche Veränderungen vorliegen, können damit i.d.R. Untersuchungen von allgemeinen zu speziellen Ursachen vorgenommen werden.

Wesentliche Voraussetzungen für die programmtechnische Realisierung eines Expertensystems sind die technische Entwicklung und die zunehmende Standardisierung vor allem im Mikrocomputerbereich. Letzteres bringt vornehmlich für die Datenerfassung einen erheblichen Vorteil, da inzwischen die Möglichkeit gegeben ist, Daten vom Großrechner auf den Personal-Computer (PC) zu übertragen. Zudem erlauben der hohe Grad der Standardisierung der Mikrocomputer und die zur Verfügung stehende Standardsoftware, Programme zu erstellen, die mit vertretbarem Aufwand realisiert werden können, die die Ansprüche der Benutzer hinreichend erfüllen und die problemlos für einen Betriebs-Vergleich einsetzbar sind. Der Anwender muß somit lediglich einen Teil der Daten und einige Parameter eingeben, das Gros der Datenerfassung, die Berechnung und die Ausgabe der Kennzahlen erfolgen automatisch.

Die Rechnerunterstützung bietet darüber hinaus folgende Vorteile:

- die Ergebnisse stehen wesentlich schneller zur Verfügung,
- der Arbeitsaufwand ist viel geringer, da der Rechner die Berechnungen durchführt und
- die Flexibilität des Systems ist sehr groß /vgl. MAR 86, S. 182/.

Beschränkte sich die vorliegende Arbeit auf die Entwicklung eines Systems, das lediglich die Berechnung und graphische Aufbereitung von Kennzahlen erlaubt, stünden den Entscheidungsträgern als Basis für ihre Analysen nur eine Vielzahl von Werten zur Verfügung, deren Auswertung ihnen überlassen bliebe. Da die Analyse der DV-Kennzahlen anhand definierbarer Regeln durchgeführt wird, liegt es nahe, sie vom Computer ausführen zu lassen. Dazu müssen dem Rechner die bei der Analyse anzuwendenden Regeln übergeben werden. Das ist mit regelinterpretierenden Sprachen wie z.B. PROLOG sehr komfortabel realisierbar, zumal sie eine jederzeitige Änderung des Regelwerkes erlauben.

PROLOG ist neben LISP die gängigste Sprache zur Entwicklung von Expertensystemen. Das Forschungsgebiet *Expertensysteme* gewinnt in den letzten Jahren ständig an Bedeutung, zumal die beiden Sprachen mittlerweile für zahlreiche Rechner verfügbar und viele Anwendungen mit ihnen wesentlich leichter und benutzerfreundlicher zu realisieren sind als mit herkömmlichen Programmiersprachen oder Softwareentwicklungs-Werkzeugen.

Ein in PROLOG entwickeltes System zur Kennzahlenanalyse muß die Bewertung der Kennzahlen und die eigentliche Analyse übernehmen. Damit der Rechner die beschriebenen Aufgaben bewerkstelligen kann, sind folgende Vorleistungen zu erledigen:

- ein Experte muß sein Wissen über die Vorgehensweise bei der Analyse beschreiben,

- der Knowledge Engineer[3] hat dieses Wissen in "Wenn...dann" Regeln umzusetzen und in das System einzugeben.

Wenn die Aufgaben von einem Software-Produkt (SW-Produkt) übernommen werden, steht ein umfangreiches Analyseinstrumentarium für die Datenverarbeitung zur Verfügung, so daß weitere Erfahrungen über den Einsatz von Expertensystemen in der betriebswirtschaftlichen Praxis gewonnen werden können. Da die Erstellung von Expertensystemen und ihr Einsatz in praktisch relevanten Bereichen ein erfolgsversprechender Ansatz ist, allgemeingültige Erkenntnisse hinsichtlich Erstellungs-, Pflege- und Wartungsmethodik inklusive betriebswirtschaftlicher Kosten-Nutzen-Relationen zu gewinnen /vgl. BEH 85, S. 111/, kommt der vorliegenden Aufgabenstellung eine besondere Bedeutung zu.

[3] Als *Knowledge Engineer* wird die Person bezeichnet, "die die Wissensbasis des Expertensystems aufbaut, indem sie das Expertenwissen in eine für das Expertensystem verständliche Repräsentationsform umwandelt" /BUC 87, S. 31/.

2 Berichts- und Kennzahlensysteme als Instrumente des Controllings

2.1 Aufgaben und begriffliche Abgrenzung

Als Kennzahlen werden Zahlen bezeichnet, die wichtige meßbare Sachverhalte der Realität wiedergeben /vgl. END 75, S. 2153/. Indem sie verschiedene Zustände vergleichen, unterstützen sie die Führungskräfte beim Erkennen der planungs- bzw. entscheidungsnotwendigen Gegebenheiten /vgl. LAC 79, S. 73/. Sie basieren in der Regel auf aggregierten und kompakten Informationen. Nicht quantifizierbare Sachverhalte (wie z.B. die Motivation der Mitarbeiter) entziehen sich allerdings der Erfassung durch Kennzahlen, mögen sie für die Beurteilung eines Unternehmens auch noch so bedeutsam sein /vgl. KÜT 83a, S. 240/.

Betriebswirtschaftliche Kennzahlen dienen der Überwachung und Steuerung des Betriebsprozesses im Hinblick auf das Erreichen der Unternehmensziele /vgl. BLO 65, S. 96/. In der Literatur besteht Uneinigkeit darüber, ob nur Verhältniszahlen oder auch Absolutwerte als Kennzahlen anzusehen sind[4]. Die Verfechter der engen Fassung, die nur Verhältniszahlen als Kennzahlen bezeichnen, vertreten die Meinung, Absolutzahlen besäßen kaum einen besonderen Erkenntniswert, da sie keine Ursache-Wirkungszusammenhänge aufzeigten. Dem wird zu Recht entgegengehalten, daß eine Verhältnis- oder Relativzahl nicht zwangsläufig einen besonderen Erkenntniswert vermittelt /vgl. SCM 86, S. 160/.

Werden verbale Informationen, Zahlen und/oder Grafiken nach Kriterien (z.B. Abteilungen, Produkte) geordnet und in bestimmten Zeitabständen zur Verfügung gestellt, bilden sie ein **Berichtssystem** /vgl. BRA 87, S. 312/. Dabei ist es unerheblich, ob der Bericht in der Form einer Liste ausgegeben wird oder ob die Informationen im Dialog am Bildschirm angezeigt werden.

Wenn ausschließlich Kennzahlen, die entweder in einem sachlogischen oder/und einem rechnerischen Zusammenhang stehen, zu einem hierarchischen Verbund zu-

[4] Verfechter der engen Fassung sind u.a.: ZVEI 76, S. 105; ANTOINE 58, S. 23; LIEBIG 77, S. 71 während HEINEN 76, S.63; HOFFMAN 84, S. 183; LACHNIT 76, S. 216 und STAEHLE 69, S. 50 auch Absolutwerte als Kennzahlen erlauben. Der Verfasser schließt sich letzterer Meinung an.

sammengestellt werden, so wird von einem **Kennzahlensystem** (Ordnungssystem oder Rechensystem) gesprochen.

Kennzahlensysteme sind, wie bereits erwähnt, ein wichtiges Instrument zur detaillierten Analyse betrieblicher Abläufe. Werden außerdem bedeutsame Informationen verbaler Art einbezogen und Sachverhalte durch Grafiken transparenter abgebildet, so ist ein effektiveres Controlling möglich. Ein derartiges System soll hier als **Berichts-/Kennzahlensystem** bezeichnet werden, da es neben einem Kennzahlensystem noch zusätzliche andere Elemente enthält.

Die in der Literatur am häufigsten genannten Zwecke solcher Systeme sind die Unterstützung

- der Prognose,
- der Planung,
- der Koordination,
- der Kontrolle und
- der Kommunikation /vgl. BAT 65, S. 374/.

Einigkeit besteht auch über ihre breite Verwendbarkeit. Der Blick wurde jedoch von betriebswirtschaftlicher Seite bisher hauptsächlich auf das Rentabilitätskennzahlensystem fixiert, dem unbestritten das Verdienst zukommt, den Anstoß für die wissenschaftliche Beschäftigung mit Kennzahlen gegeben zu haben /vgl. REI 76, S. 708f./.

Kennzahlen erweisen sich als geeignetes Instrument, die Ziele und Mittel des Managements operational zu formulieren /vgl. PER 69, S. 6/. Obwohl sie damit die unterschiedlichsten Aufgaben unterstützen, sind Kennzahlensysteme meistens auf einen engen Anwendungsbereich zugeschnitten /vgl. REI 76, S. 708f./.

Berichts- und Kennzahlensysteme müssen so aufgebaut werden, daß sie vom Betrachtungsobjekt und von der Struktur her flexible Instrumente darstellen. Nur so können sie eine sinnvolle Unterstützung bei oben genannten Aufgaben leisten /vgl. LAC 76, S. 219/.

Eine verstärkte Forschung in dem Bereich der Kennzahlen, ihrer Anwendungsmöglichkeiten und der DV-technischen Unterstützung der Kennzahlenanalyse ist für die Praxis ein dringendes Anliegen. Denn einerseits eröffnet die für Personal-Computer angebotene Standardsoftware mittlerweile auch DV-Laien die Möglichkeit, dem Computer die zahlreichen Rechenoperationen zu übertragen, die bei der Realisierung eines solchen Systems anfallen. Andererseits zählen Kennzahlen neben der Kostenrechnung und der Budgetierung zu dem in der Praxis am häufigsten anzutreffenden Controllinginstrument, wie schon eine Untersuchung von SERFLING aus dem Jahre 1973 verdeutlicht hat /vgl. SER 83, S. 111/. Der Bedarf und das Interesse an Kennzahlen ist groß. Sie werden von der Unternehmensleitung sowohl für das innerbetriebliche Controlling zur Aufdeckung von Schwachstellen als auch zum Zwecke des Vergleichs mit anderen Unternehmen benötigt. Jeder Betrieb ist bestrebt, aus den Ergebnissen ableiten zu können, daß die Qualität der eigenen DV-Leistungen 'im Trend liegt'. Von Kennzahlen, die diesem Zweck nicht dienen, wird vielfach entweder eine Umdefinition verlangt, die die Leistung des eigenen Betriebs wieder als überdurchschnittlich erscheinen läßt, oder die entsprechenden Kennzahlen werden von den betroffenen Betrieben als "falsch" deklariert /vgl. BUR 87, S. 210/. Einem solchen "Kennzahlenwesen" muß mit Skepsis begegnet werden.

Das Ziel der Arbeit läßt sich nunmehr folgendermaßen spezifizieren: Aufbauend auf den bisherigen Erkenntnissen über Berichts-/Kennzahlensysteme ist ein entprechendes System für die DV-Abteilung des Unternehmens zu erstellen. Das System muß demnach dem Management und den Mitarbeitern der DV-Abteilung Informationen über die Wirtschaftlichkeit des DV-Einsatzes geben.

Ein erster Schritt zur Entwicklung eines Berichts-/Kennzahlensystems ist die Festlegung der Anforderungen, denen es gerecht werden muß. Hierauf wird in den beiden nächsten Abschnitten ausführlich eingegangen.

2.2 Kennzahlensysteme

2.2.1 Einführung

Berichts- sowie Kennzahlensysteme können als Modelle verstanden werden, die reale Situationen, Objekte und ihre Beziehungen untereinander abbilden. Kennzahlensysteme beschränken sich dabei darauf, die wesentlichen Entwicklungen des Untersuchungsgegenstandes anhand von Kennzahlen darzustellen. Ein derartiges System sollte

- die Zielvorgaben des untersuchten Bereiches systematisch aufzeigen,
- die Entscheidungshierarchie eindeutig festlegen,
- Kommunikationsstörungen verhindern und
- als Kontrollinstrument verwendbar sein.

In der Organisationstheorie wurde die Fiktion des zentral gesteuerten Unternehmens als wirklichkeitsfremd aufgegeben. In der Realität gibt es im Gegenteil eine Vielzahl von Zielvorgaben, die für verschiedene dezentrale Organisationseinheiten gelten. Die Ziele müssen miteinander abgestimmt werden, damit sie den jeweiligen Primärzielen nicht zuwiderlaufen. Kennzahlensysteme sind ein geeignetes Instrument, eine Zielhierarchie zu entwickeln und abzubilden. Sofern sie systematisch aufgebaut sind, können sie den Organisationsteilnehmern die Sekundärziele des Unternehmens vorgeben. Sie müssen der optimalen Erreichung der Primärziele dienlich sein und dürfen ihnen nicht widersprechen /vgl. STE 69, S. 112/. Die Festlegung der Zielhierarchie schließt die Bestimmung der Entscheidungshierarchie zumindest teilweise ein. Kennzahlensysteme unterstützen die Absicht, Entscheidungen möglichst nahe an der Stelle zu treffen, an der auch die Handlungen vollzogen werden /vgl. STE 69, S. 120/.

Ein Kennzahlensystem muß daneben so weit wie möglich als Kommunikationsmittel einsetzbar sein. Eindeutigkeit und Übersichtlichkeit von Kennzahlen sowie ihre leichte Verständlichkeit bieten eine gute Voraussetzung für eine schnelle und akzeptanzfördernde Informationsübermittlung, so daß Kommunikationsstörungen zeitlicher, technischer sowie semantischer Art reduziert werden können /vgl. SCM 86, S. 165/. Bei der Anwendung eines Kennzahlensystems ist in erster Linie dafür Sorge zu tragen, daß alle für das Controlling bedeutenden quantifizierbaren Informationen in ihm enthalten sind und kontinuierlich aktualisiert werden.

Schließlich wird von Kennzahlensystemen erwartet, daß sie als Kontrollinstrument für Soll/Ist-Vergleiche einsetzbar sind. In diesem Sinne lassen sie sich in idealer Weise als Instrument für das 'management by exception' einsetzen, wenn zudem

- Standardwerte und ihre tolerierbaren Abweichungen vorgegeben werden und
- festgelegt wird, wer welche Entscheidungen bei einem Überschreiten der Toleranzwerte vorzunehmen hat.

Das Ergebnis der Kontrolle ist wiederum Grundlage einer erneuten Planung der Zielvorgaben, womit der Kreis zum Beginn des Managementprozesses geschlossen ist /vgl. STE 69, S. 128/.

Für den Benutzer wird der Wert eines Kennzahlensystems sowohl von der Qualität der ihm zugrundeliegenden Zahlen als auch von der Intelligenz und den Fähigkeiten der Personen bestimmt, die sich seiner bedienen /vgl. STE 69, S. 6/. Wird das Wissen, das die Experten im Betrieb bei der Analyse der Kennzahlen einbringen, ebenfalls dem Computer übertragen, so kann die Analyse von allen Führungskräften effektiv genutzt werden.

Für die praktische Relevanz eines Kennzahlensystems ist von Bedeutung, ob es gelingt, die Primär- und Sekundärziele aufeinander abzustimmen. Die rechentechnische Verbindung von Kennzahlen bietet allein keine Garantie dafür, daß das Erreichen mehrerer Sekundärziele zur optimalen Erfüllung eines Primärzieles führt.

Ein derartiger Konflikt ergibt sich z.B. oft zwischen dem Lagerhaltungs- und dem Fertigungsbereich eines Unternehmens. Ist ersterer bestrebt, den Lagerbestand gering zu halten - von ihm werden kleine Lose gefordert -, um die Lagerkosten zu minimieren, versucht der Fertigungsbereich große Lose zu fertigen, um die Fertigungskosten gering zu halten. Im Sinne des Primärzieles - Gewinnmaximierung für das gesamte Unternehmen - ist eine Kompromißlösung zu finden. Das Dilemma läßt sich nur durch die Einführung zusätzlicher Kontroll- und Koordinationsinstrumente beseitigen /vgl. STE 69, S. 112/.

Eine weitere Anforderung an Kennzahlen als Planungs- und Entscheidungsinstrument ist die Forderung nach Aktualität und Fehlerfreiheit. Eine Kennzahl kann fehlerhaft oder unbrauchbar sein, weil

- fehlerhaftes Quellenmaterial benutzt wurde,
- die Überlegungen, die zur Aufstellung der Kennzahl führten, nicht richtig waren,
- die Methode der Quantifizierung Fehler aufwies oder
- sie nicht mehr aktuell ist /vgl. STE 69, S.67/.

Die genannten Aspekte lassen die Eigenarten und Grenzen des Einsatzes von Kennzahlensystemen erahnen. Die Entwicklung eines effektiven Controllinginstruments erfordert allerdings eine dezidierte Darlegung der Stärken und Schwächen aller zum Einsatz kommenden Hilfsmittel. Dazu gehören

- die Beschreibung möglicher Arten von Kennzahlensystemen,

- die Erörterung bestehender 'klassischer' Kennzahlensysteme für den finanzwirtschaftlichen Bereich,
- die Darlegung der Grenzen des betrieblichen Einsatzes von Kennzahlensystemen,
- die Darstellung möglicher Arten von Berichtssystemen und das Herausarbeiten der an sie gestellten Anforderungen,
- das Extrahieren wichtiger DV-Kennzahlen sowie
- das Beschreiben der existierenden DV-Kennzahlen- und Berichtssysteme.

Die weiteren Ausführungen stimmen inhaltlich mit den obigen Punkten überein.

2.2.2 Arten von Kennzahlensystemen

Bei der Aufstellung eines Kennzahlensystems muß eine Entscheidung über die Verwendung bestimmter Kennzahlensystemarten bzw. ihrer Kombination getroffen werden.

Nach der Art der Verknüpfung der Zahlen werden **mathematische** (Rechensysteme) und **sachlogisch strukturierte** (Ordnungssysteme) Kennzahlensysteme unterschieden. Abbildung 2.1 zeigt den grundsätzlichen Aufbau eines reinen Rechensystems.

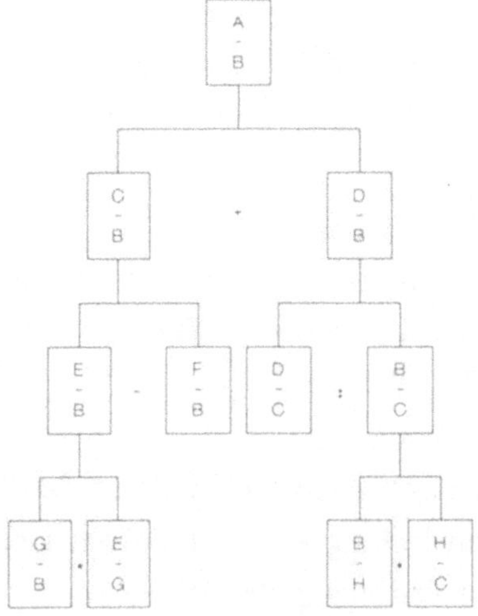

Abb. 2.1: Aufbau eines Rechensystems /vgl. SCM 86, S. 169/

In einem solchen System lassen sich die Auswirkungen wertmäßiger Veränderungen **einer** Kennzahl auf vor- und nachgelagerte Kennzahlen exakt ermitteln. Zudem ist die Auswahl und Einordnung der Zahlen relativ problemlos, da sie weitgehend determiniert sind /vgl. SCM 86, S. 169f./. Die Formalisierung hat allerdings den Nachteil, daß Kennzahlen, die lediglich ein Verbindungsglied darstellen sollen, in dem System eine bedeutende Stellung erhalten können, obwohl sie sachlogisch geringe Bedeutung haben. Rechensysteme eignen sich primär für wohlstrukturierte Problemstellungen /vgl. S. 170/[5].

In sachlogisch strukturierten Kennzahlensystemen werden die Zusammenhänge aus betriebswirtschaftlichen Erkenntnissen abgeleitet /vgl. Abb. 2.2/. Für einen Sachverhalt werden mehrere Kennzahlen zusammengestellt, denen weitere Kennzahlen untergeordnet werden können. Die Verbindung zwischen den Sachverhalten und den Kennzahlen verweist auf den sachlogischen Bezug.

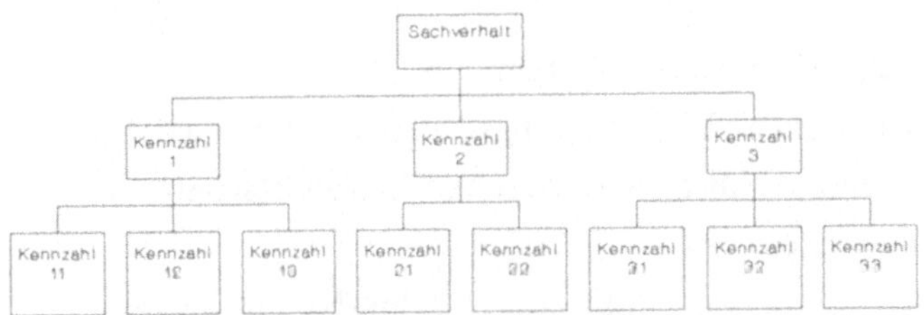

Abb. 2.2: Aufbau eines Ordnungssystems /vgl. SCM 86, S. 170/

Die Verbindungen lassen sich nicht quantifizieren, sollten aber zumindest nach Art und Wirkungsrichtung in der Tendenz bekannt sein /vgl. S. 170/. Der Vorteil der Ordnungssysteme ist ihr außerordentlich hoher Freiheitsgrad beim Systementwurf und ihre große Flexibilität, d.h. leichte Veränderbarkeit. Das Nichtverwenden von Rechentechniken impliziert allerdings die Gefahr, daß Inhalt und Umfang des Systems zu stark subjektiv geprägt werden /vgl. S. 171/. Ein weiterer Nachteil gegenüber Rechensystemen besteht darin, daß das Ausmaß der Auswirkungen einer Kennzahlveränderung nicht präzise ermittelbar ist. Jedoch sind Ursache-Wirkungsuntersuchungen anhand von Rechensystemen nur aussagekräftig, wenn Veränderungen aus-

5 Die folgenden Seitenangaben beziehen sich auf /SCM 86/.

schließlich durch eine Größe hervorgerufen wurden (das trifft in der Praxis allerdings selten zu).

Im Hinblick auf ein zweckadäquates Kennzahlensystem bietet sich i.d.R. eine Kombination der Systemarten an, so daß die Vorteile der beiden Systeme ausgenutzt werden können /vgl. S. 171/.

Nach der Ableitungsstrategie wird zwischen **zerlegenden** und **zusammenfassenden** Kennzahlensystemen differenziert. Beide können, auf denselben Tatbestand bezogen, die gleichen Elemente beinhalten, sie unterscheiden sich jedoch in ihrer Benutzungsweise /vgl. S. 172/. Bei den erstgenannten ergeben sich neue Kennzahlen durch das Zerlegen bestehender Größen, während bei den zweitgenannten neue Kennzahlen durch das Zusammenfassen bestehender Größen gewonnen werden.

Kennzahlensysteme lassen sich zudem aufgrund folgender Kriterien unterteilen /vgl. S. 173f./.:

- Zeitbezug: - Ist-, Plan-Kennzahlensystem;
- Funktionsbezug: - Beschaffungs-, Lagerhaltungs-, Personalwirtschafts-, Fertigungswirtschafts-, Absatzwirtschafts-, Finanzwirtschafts-Kennzahlensystem usw.;
- Bereichsbezug: - Unternehmens-, Abteilungs-, Stellen-Kennzahlensystem

Die anschließende Beschreibung der für den finanzwirtschaftlichen Bereich bekannten Kennzahlensysteme dient dazu, ihre Eigenschaften auf die Verwendbarkeit für das DV-Controlling zu prüfen.

2.2.3 Klassische betriebswirtschaftliche Kennzahlensysteme

Ein universell einsetzbares Kennzahlensystem ist kaum realisierbar, da seine Gestaltung von der Organisationsstruktur und der jeweiligen Entscheidungssituation sehr stark geprägt wird. Die bisher in der Literatur vorgeschlagenen Kennzahlensysteme bilden einen guten Rahmen für den Entwurf eines individuellen Systems. Sie sind unternehmensbezogen und verwenden beinahe ausschließlich **Ist**-Werte für das Kennzahlensystem.

Gegenstand der weiteren Ausführungen sind:

- das Du-Pont System,
- das System des Zentralverbandes der deutschen Elektrotechnischen Industrie (ZVEI-Kennzahlensystem) und
- das Rentabilitäts-/Liquiditätssystem von REICHMANN und LACHNIT (R-L-Kennzahlensystem).

Dabei wird insbesondere geprüft, welche Ansatzpunkte die Systeme für die Entwicklung eines DV-Kennzahlensystems bieten.

Du-Pont-Kennzahlensystem

Das Du-Pont-Kennzahlensystem /vgl. Abb. 2.3/ bildet in der Praxis häufig das Grundgerüst für ein Planungs- und Kontrollinstrument. Es bezieht sich nicht nur auf das Unternehmen als Ganzes, vielmehr hat es für einzelne Produktgruppen eine große Bedeutung erlangt /vgl. KÜT 83b, S. 291/. Der Verbund ist als reines Rechensystem konzipiert. Als Spitzenkennzahl dient die Kapitalrentabilität (ROI = Return on Investment), die in die Umsatzrentabilität (= Gewinn / Umsatz) und den Kapitalumschlag (= Kapital / Umsatz) aufgeteilt ist.

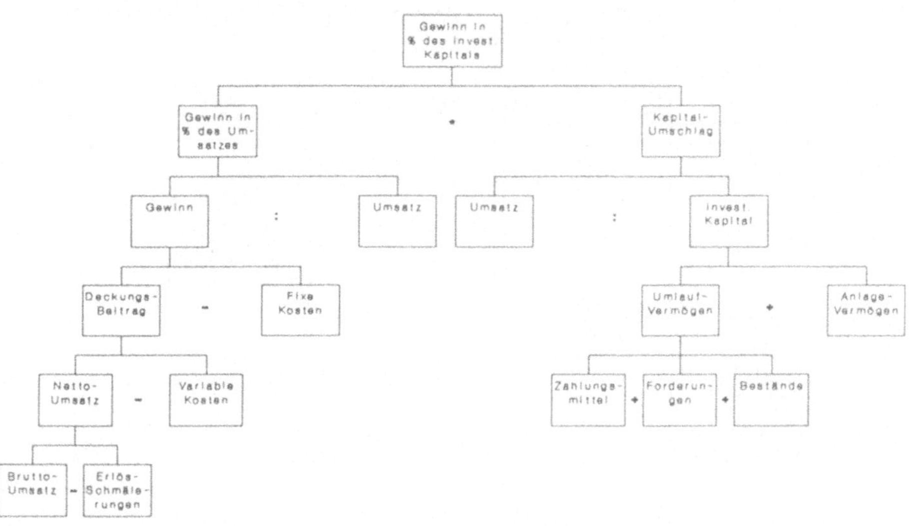

Abb. 2.3: Das Du-Pont-Kennzahlensystem /vgl. SCM 86, S. 184/

Kritisiert wird an dem System hauptsächlich die alleinige Verwendung der Rentabilität als Oberziel, die nicht den praxisrelevanten Multizielsystemen entspreche /vgl. S. 184/. Das Du-Pont-Schema ist von verblüffender Erklärungskraft, wenn nur einzelne Einflußfaktoren den Gewinn verändert haben. Waren jedoch mehrere Ursachen für die Gewinnveränderung ausschlaggebend, ist die Erklärungskraft des Schemas relativ gering /vgl. HAU 71, S. 344/.

ZVEI-Kennzahlensystem

Das vom Zentralverband der deutschen Elektrotechnischen Industrie 1970 in Frankfurt/Main vorgestellte System /vgl. ZVE 76/ ist in der Bundesrepublik weit verbreitet und stellt ebenfalls eine Kennzahlenpyramide dar /vgl. Abb. 2.4/, die eine Kom-

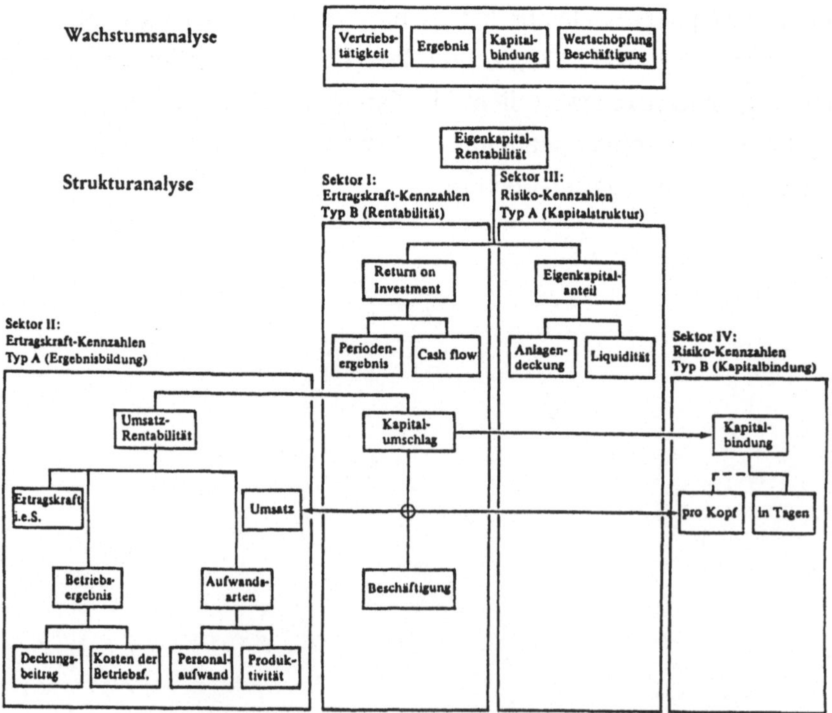

Abb. 2.4: Die Grundstruktur des ZVEI-Kennzahlensystems /vgl. SCM 86, S. 188/

bination aus Rechensystem und Ordnungssystem ist, wobei der Rechensystemcharakter dominiert. Spitzenkennzahl ist die Eigenkapitalrentabilität. Es existieren 74 Haupt- und 66 Hilfskennzahlen /vgl. KÜT 83b, S. 292/. Letztere werden lediglich zur Erklärung der Hauptkennzahlen benötigt und stellen daher nur einen formalen, nicht aber einen sachlogischen Zusammenhang her.

Das ZVEI-System umfaßt eine Unternehmenswachstumsanalyse, die durch Kennzahlen - wie Umsatz und Cash-Flow - ausgedrückt wird, sowie die Strukturanalyse, die den Hauptteil des Verbundes bildet /vgl. KÜT 83b, S. 293/.

Das System erlaubt eine sehr präzise und differenzierte Analyse der Gesamtunternehmenstätigkeit, doch gibt es keinen Ansatzpunkt zur Berücksichtigung strategischer Problemstellungen /vgl. S. 189/. Eine Hauptanforderung, die zweckgerechte Auswahl der Informationen im Hinblick auf Umfang und Inhalt des unternehmerischen Entscheidungsprozesses, erfüllt es schon allein aufgrund der großen Zahl von Kennzahlen nur bedingt /vgl. REI 76, S. 710/.

Der Einsatzbereich des Systems ist neben dem internen Zeit-Vergleich der Betriebs-Vergleich /vgl. S. 189/. Die dafür notwendige ausschließliche Bildung von Relativzahlen erschwert allerdings die Beurteilung von Ursache-Wirkungsbeziehungen /vgl. S. 189/.

R-L-Kennzahlensystem

Im Rentabilitäts-Liquiditätskennzahlensystem haben der Erfolg und die Liquidität als zentrale Kenngrößen die gleiche Bedeutung /vgl. Abb. 2.5/. Das R-L-System ist als flexibles Führungsinstrument zur laufenden Steuerung der Gesamtunternehmung über die Kenngrößen *Ergebnis* und *Liquidität* konzipiert /vgl. S. 190/. Es ist ein reines Ordnungssystem. Eine rechentechnische Verbindung der einzelnen Kennzahlen besteht daher nicht. Der Verbund besteht aus einem allgemeinen Teil und einem Sonderteil, der firmenspezifische Kennzahlen enthält /vgl. KÜT 83b, S. 296/. Das System setzt sich aus 39 Kennzahlen zusammen. Es ist wegen seines Ordnungssystemcharakters flexibler als die beiden bereits genannten Systeme, doch werden organisatorische Gesichtspunkte weitgehend vernachlässigt /vgl. S. 191/.

Allgemeiner Teil I

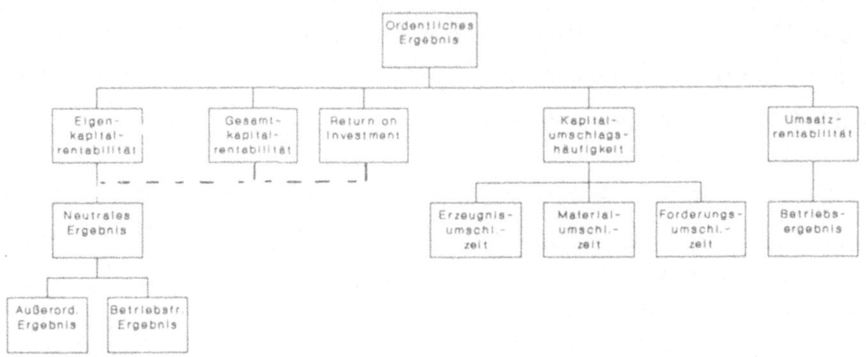

Bezeichnung	Berechnungsvorschrift
Außerordentliches Ergebnis	außerordentl. Ertrag - außerordentl. Aufwand
Betriebsergebnis	Umsatz - Kosten
Betriebsfremdes Ergebnis	betriebsfr. Ertrag - betriebsfr. Aufwand
Eigenkapitalrentabilität	Gesamtgewinn/Eigenkapital
Erzeugnisumschlagszeit	(Erzeugnisbestand/Umsatz) x T
Forderungsumschlagszeit	(Forderungsbestand/Umsatz) x T
Gesamtkapitalrentabilität	(Gesamtgewinn + Zinsaufwand)/Gesamtkapital
Kapitalumschlagshäufigkeit	Umsatz/Gesamtkapital (betriebsbed.)
Materialumschlagszeit	(Materialbestand/Materialeinsatz) x T
Neutrales Ergebnis	neutraler Ertrag - Neutraler Aufwand
Ordentliches Ergebnis	ordentlicher Ertrag - ordentlicher Aufwand
Return on Investment	ordentliches Ergebnis/Gesamtkapital
Umsatzrentabilität	Betriebsergebnis/Umsatz

Allgemeiner Teil II

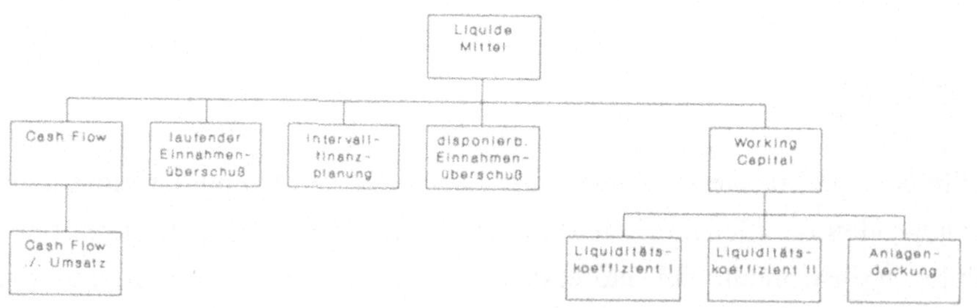

Bezeichnung	Berechnungsvorschrift
Anlagendeckung	(Eigenkapital + langfristiges Fremdkapital)/Anlagevermögen
Cash Flow	Betriebseinnahmen - Betriebsausgaben
disponierb. Einnahmenüberschuß	disponierb. Einnahmen - disponierb. Ausgaben
laufender Einnahmenüberschuß	laufende Einnahmen - laufende Ausgaben
Liquiditätskoeffizient I	(Umlaufvermögen - Vorräte)/kurzfr. Verbindl.
Liquide Mittel	(Anfangsbestand an liquiden Mitteln + Gesamteinnahmen) - Gesamtausgaben
Liquiditätskoeffizient II	liquide Mittel/kurzfr. Verbindl.
Working Capital	Umlaufvermögen - kurzfristige Verbindlichkeiten

Abb. 2.5a: Das R-L-Kennzahlensystem /vgl. SCM 86, S. 192ff./

Sonderteil

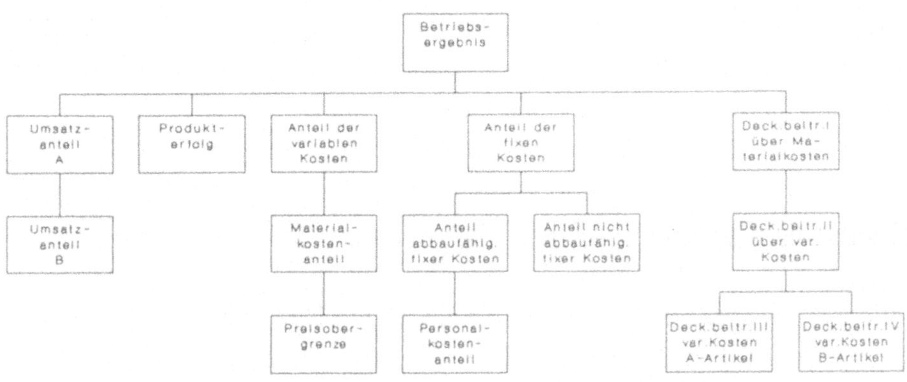

Bezeichnung	**Berechnungsvorschrift**
Anteil der abbaufähigen fixen Kosten	abbaufähige fixe Kosten/Gesamtkosten
Anteil der fixen Kosten	fixe Kosten/Gesamtkosten
Anteil der nicht abbauf. fixen Kosten	nicht abbaufähige fixe Kosten/Gesamtkosten
Anteil der variablen Kosten	variable Kosten/Gesamtkosten
Deckungsbeitrag I über Materialkosten	Umsatz - Materialkosten
Deckungsbeitrag II über variable Kosten	Umsatz - gesamte variable Kosten
Deckungsbeitrag III über variable Kosten A-Artikel	Umsatz A-Artikel - variable Kosten A-Artikel
Deckungsbeitrag IV über variable Kosten B-Artikel	Umsatz B-Artikel - variable Kosten B-Artikel
Materialkostenanteil	Materialkosten/Gesamtkosten
Personalkostenanteil	Personalkosten/Gesamtkosten
Preisobergrenze	Preis - variable Kosten (ohne Rohstoff x)
Produkterfolg	Produktpreis - Selbstkosten
Umsatzanteil A	Umsatzanteil A-Artikel - Umsatz
Umsatzanteil B	Umsatzanteil B-Artikel - Umsatz

Abb. 2.5b: Das R-L-Kennzahlensystem /vgl. SCM 86, S. 192ff./

Die Darstellung der drei Systeme zeigt, daß auch bei der Entwicklung eines Kennzahlensystems für die DV-Abteilung die folgenden Aspekte zu beachten sind:

- Die Anzahl der Kennzahlen darf nicht zu groß werden.
- Wesentliches Auswahlkriterium für die Aufnahme einer Kennzahl in das System ist ihre Bedeutung für das optimale Erreichen der DV-Ziele.
- Das System sollte veränderbar sein, damit es den betrieblichen Besonderheiten Rechnung tragen kann.
- Eine mathematische Verknüpfung genau definierter Kennzahlen erleichtert zwar die Analyse der Ursache-Wirkungsbeziehungen, erschwert allerdings ihre Anpas-

sung an unterschiedliche Einsatzbereiche, da neben den sachlogischen auch rechentechnische Zusammenhänge zu beachten sind.

- Das Prinzip der Wirtschaftlichkeit ist zu beachten, d.h. die durch den Einsatz des Kennzahlensystems bewirkte Verbesserung muß in einem angemessenen Verhältnis insbesondere zu den Entwicklungskosten stehen.

2.2.4 Grenzen des Einsatzes von Kennzahlensystemen

Die obigen Ausführungen verdeutlichen, daß die Entwicklung eines Kennzahlensystems nicht allein aus dem Zusammenstellen verschiedener Zahlen besteht. Damit aussagekräftige Ergebnisse erzielt werden können, müssen vielmehr sachlogische Zusammenhänge und betriebliche Besonderheiten erkannt und im Erstellungsprozeß berücksichtigt werden. Ein Kennzahlensystem, das den genannten Anforderungen genügt, ist ein geeignetes Controllinginstrument. Der Kennzahlenanalyse sind jedoch Grenzen gesetzt:

- Ein Kennzahlensystem kann zwar Hinweise auf notwendige Anpassungsmaßnahmen und damit Planungshilfen geben. Jede Erkenntnis, die aus ihm abgeleitet wird, hat aber nur den Charakter eines Auslösers für eine tiefergehende Analyse /vgl. BUR 87, S. 205/.
- Die Daten sind in der Regel vergangenheitsbezogen, so daß die Ergebnisse einer Trendfortschreibung nur unter der Annahme Gültigkeit haben, daß sich die bisherige Entwicklung fortsetzt. Ein Kennzahlensystem ist daher für Planungszwecke nur bedingt verwendbar.
- Eine besondere Beachtung muß der korrekten Datenermittlung und der eingehenden Prüfung der Ergebnisse beigemessen werden, damit die Gefahr von Fehlinterpretationen weitgehend ausgeschlossen werden kann.
- Vorteilhaft an Kennzahlensystemen ist ihre Erklärungskraft bei der Veränderung nur **eines** Einflußfaktors. Wirken hingegen mehrere Ursachen zusammen - das ist der Regelfall - ist ihre Erklärungskraft nur gering.
- Eingeschränkt wird ihre Aussagekraft insbesondere im Fall des Betriebs-Vergleichs dadurch, daß Kennzahlen - z.B. Betriebskosten der DV - von den Betrieben teilweise unterschiedlich definiert werden.

Eine Richtung der Forschung im Bereich der Kennzahlenanalyse zielt auf die empirische Ermittlung der Kennzahlen ab, die für die Bildung von Unternehmensklassen - z.B. zur Solvenz-/Insolvenzprognose - aussagekräftig sind. Dabei stellt das Festlegen der Grenzwerte (cut-off points) ein besonderes Problem dar. Sie bestimmen, ob das betrachtete Unternehmen der einen oder anderen Gruppe zuzuordnen ist /vgl. SCT 83, S. 41/. Verfahren dieser Art haben sich in der Praxis allerdings in erster Linie aufgrund der Schwierigkeiten bei der Bestimmung der Grenzwerte bisher nicht durchsetzen können /vgl. HAU 71, S. 349f./.

Eine andere Entwicklungsrichtung stellt die Erweiterung der Kennzahlensysteme um zusätzliche Komponenten dar. Eine Verbesserung der Analyseergebnisse läßt sich z.B. erreichen, wenn das Kennzahlensystem Bestandteil eines umfassenderen Berichtssystems ist. Neben den eigentlichen Zahlen kann es zusätzliche Informationen in Form von Texten und Grafiken beinhalten. Die Informationen müssen jederzeit veränderbar sein, so daß sie immer dem aktuellen Stand entsprechen. An den Aufbau von Berichtssystemen sind ebenfalls Anforderungen zu stellen, die dafür Sorge tragen sollen, daß die in ihnen enthaltenen Informationen effektiv genutzt werden können. Ziel der Ausführungen im nächsten Abschnitt ist es, die wesentlichen Anforderungen, die an Berichtssysteme gestellt werden, aufzuzeigen.

2.3 Berichtssysteme

Das Berichtswesen beinhaltet eine quantitative und eine qualitative Komponente. In quantitativer Hinsicht ist festzuhalten, daß sowohl zu wenig als auch zu viel Berichterstattung schädlich ist /vgl. BLO 65, S. 10/. In bezug auf die Qualität ist darauf zu achten, daß Berichtssysteme bestimmte Anforderungen, von denen die wichtigsten am Ende des Abschnitts genannt werden, erfüllen.

Die unterschiedlichen Untersuchungszwecke haben zu verschiedenen Berichtsarten geführt. Neben Standardberichten werden Abweichungsberichte sowie Bedarfsberichte in der betrieblichen Praxis eingesetzt /vgl. ZIE 84, S. 309/.

Standardberichte stellen regelmäßig, nach einem festgelegten Schema und meist für einen gleichbleibenden Empfängerkreis, ausgewählte Informationen zur Verfügung. Das Management wird damit über alle Gegebenheiten einheitlich informiert. Die größte Gefahr bei alleiniger Verwendung von Standardberichten besteht in dem Überangebot an Daten ("Zahlenfriedhof") mit dem Risiko, daß das Management möglicherweise relevante Veränderungen übersieht /vgl. ZIE 84, S. 309/.

Abweichungsberichte geben nur Auskunft über Entwicklungen des aktuellen Geschehens, wenn die dadurch beeinflußten Werte von Vorgaben so stark abweichen, daß sie die erlaubten Toleranzgrenzen überschreiten. Dem Vorteil der Beschränkung auf wenige Informationen steht die Gefahr der Überselektion gegenüber /ZIE 84, S. 310/.

Bedarfsberichte werden auf Wunsch erstellt, z.B. wenn das vorliegende Informationsmaterial nicht ausreicht. Dem Vorteil, daß sie bisher noch nicht strukturierte Sachverhalte übersichtlich darstellen, steht der Nachteil gegenüber, daß die Erstellung eines solchen Berichts i.d.R. mehr Zeit erfordert als die eines standardisierten Berichts /vgl. ZIE 84, S. 310/.

Der erfolgsversprechende Einsatz eines Berichtssystems erfordert eine ansprechende Präsentation. Zur Darstellung stehen u.a. folgende Mittel zur Verfügung:

- Tabellen,
- Schaubilder,
- Kennzahlen und
- verbale Erläuterungen /vgl. ZIE 84, S. 312/.

Die einzelnen Berichte müssen folgenden Grundsätzen genügen /vgl. IBM 78, S.93; MER 84, S. 60f u. BLO 74, S. 45 ff./:

- die Informationen müssen rechtzeitig zur Verfügung stehen,
- die Genauigkeit der Zahlenangaben soll sich nach den Auswertungszwecken richten,
- die verwendeten Begriffe sind klar und einheitlich zu definieren,
- in den Berichten müssen die Detailinformationen verdichtet und die belanglosen Daten ausgeschlossen werden,
- die Informationen sind zu einer anderen Größe in Beziehung zu setzen, da sie nicht selbsterklärend sind,
- Ausnahmeergebnisse sind in der Darstellung hervorzuheben,
- das Erstellen von Bedarfsberichten muß möglich sein,

- die Berichte sollten standardisiert sein, um unnötige Einarbeitungsphasen zu vermeiden,
- Überblicks- und Detailinformationen sind deutlich voneinander zu trennen,
- die Informationen sollten auf den Empfänger zugeschnitten werden können, d.h. er muß die Informationen, die ihm wichtig erscheinen, auswählen können,
- graphische Darstellungen sind tabellarischen vorzuziehen, da sie i.d.R. größere Aussagekraft haben.

Berichtssysteme sind im allgemeinen nicht hierarchisch aufgebaut. Sie ermöglichen daher - sofern sie kein Kennzahlensystem enthalten - keine Nachforschungen zum Ursache-Wirkungszusammenhang.

Nachdem die Instrumente *Kennzahlen*, *Kennzahlensysteme* und *Berichtssysteme* in allgemeiner Form erörtert wurden, ist nun zu untersuchen, welche Kennzahlen für die DV-Abteilung von Bedeutung sind. Anschließend wird geprüft, inwieweit existierende DV-Kennzahlen- sowie DV-Berichtssysteme für das DV-Controlling geeignet sind.

3 Kennzahlen im DV-Bereich

3.1 Einführung

Eine Studie über die Nutzeffekte der DV, zu der u.a. eine Umfrage bei DV-Anwendern gehörte, ergab, daß durch den Einsatz der DV Kosteneinsparungen im Bereich von 25 - 60 % erzielt werden können. Einsparungen sind vor allem im Personalbereich möglich /vgl. MER 82, S. 139f./. Dennoch ist ein Controlling der DV aus folgenden Gründen notwendig:

- die DV hat in zunehmendem Maße Eingang in die Unternehmen gefunden,
- die DV-Kosten sind bei den meisten Unternehmen stark gestiegen und werden weiter steigen,
- die Unternehmen sind langfristig an die gewählten Verfahren und getätigten Investitionen gebunden und
- im DV-Bereich müssen erhebliche Kosten vorgeleistet werden, bevor ihnen ein entsprechender Nutzen gegenübersteht /vgl. FUT 79, S. 3/.

Die Schwierigkeiten einer Wirtschaftlichkeitsanalyse anhand eines computer-orientierten Berichtssystems liegen weniger im Aufdecken der verschiedenen Einflußfaktoren der Kosten- und Nutzenseite, als vielmehr in ihrer ökonomischen Quantifizierung /vgl. DWO 72, S. 32/. Obwohl Kostenschätzungen im DV-Bereich nicht einfach sind, DV-Leistungen nur mit einer gewissen Willkür auf die Fachabteilungen umgelegt werden können und Analysen zum DV-Nutzen stark subjektiv beeinflußt sind, sollten aus den oben genannten Gründen und um zu einer größeren Transparenz zu gelangen unbedingt Kennzahlen zum DV-Bereich erfaßt und bewertet werden /vgl. FUT 79, S. 3/.

Beim Aufstellen von Kosten-Kennzahlen ist darauf zu achten, daß bei Ausgaben für Investitionsgüter der Güterverzehr sinnvoll erfaßt wird. Dazu sind anhand der geplanten Nutzungsdauer die jährlichen Abschreibungen und die Verzinsung des investierten Kapitals zu ermitteln. Diese Größen können dann in ein Kennzahlensystem aufgenommen und mit den anderen Kennzahlen in Beziehung gesetzt werden /vgl. BEC 82, S. 322/.

Das Festlegen von Nutzengrößen ist weitaus schwieriger als das Ermitteln der DV-Kosten, da durch die DV i.d.R. keine Erträge im Sinne des betriebswirtschaftlichen Ertragsbegriffes erzielt werden /vgl. ZIM 83, S. 190/. Der Nutzen der DV setzt sich im Gegenteil hauptsächlich zusammen aus den **direkten Kosteneinsparungen** (z.B. geringere Personalkosten), den **vermeidbaren Kosten** (z.B. in Zukunft höhere Personalkosten, wenn die DV nicht eingeführt werden würde) und den **Imponderabilien** (Vorteile, die nicht in Geldbeträgen meßbar sind, z.B. aktuellere Informationen, geringere Personalabhängigkeit) /vgl. BEC 82, S. 326/.

Das Erfassen der effektiven Leistung einer DV-Anlage bereitet ebenfalls Schwierigkeiten, obwohl sie - als Anzahl durchgeführter Tätigkeiten während einer bestimmten Zeit - eindeutig definiert werden kann. Probleme ergeben sich zum einen, weil eine DV-Anlage aus einer Vielzahl von Geräten besteht, die zudem von mehreren Benutzern gleichzeitig in Anspruch genommen werden können. Zum anderen gibt es keinen die Leistung der Anlage bestimmenden "inneren Kern", bei dem die gesamte Bearbeitungszeit aller Benutzeraufgaben proportional zur Arbeitsgeschwindigkeit des Rechners ist /vgl. DIR 82, S. 207/. Die verursachungsgerechte Verrechnung der DV-Kosten auf der Basis der in Anspruch genommenen Leistungen ist daher mit großen Schwierigkeiten verbunden.

Eine nähere Betrachtung der eingangs genannten Ziele der DV /vgl. Abschnitt 1/, darunter besonders der Serviceziele, ermöglicht die Herleitung von DV-Kennzahlen. Der Service eines Rechenzentrums (RZ) setzt sich aus den beiden Komponenten

- Service bezüglich der Bereitstellung von Hardware und Software (meßbar),
- Service bezüglich der Zufriedenheit der Benutzer (nicht direkt meßbar) /vgl. NOL 85, S. 161/

zusammen.

Die Zufriedenheit der Benutzer kann durch guten Kontakt zu ihnen und gelegentliche Meinungsumfragen in Erfahrung gebracht werden, läßt sich allerdings kaum in Kennzahlen ausdrücken. Ein vertrauensvolles und kooperatives Verhältnis zwischen den Benutzern auf der einen und dem Rechenzentrum auf der anderen Seite ist eine wesentliche Voraussetzung für den effektiven und guten Betrieb der DV-Anlage /vgl. TEU 81, S. 125/.

Die Verfügbarkeit der Geräte ist ein Teil des Services. Ihre wachsende Bedeutung ist durch die heute vorherrschende Betriebsform der Dialogverarbeitung bedingt. Während beim Stapelbetrieb im Closed-Shop Betrieb Störungen im Rechenzentrum gegenüber dem Benutzer relativ leicht verdeckbar sind, ist die Situation im Dialogbetrieb völlig anders. Hier fühlt sich der Benutzer schon bei kurzen Störungen in seiner Arbeit behindert /vgl. DIR 80a, S. 80/.

In der Literatur findet sich eine Vielzahl unterschiedlicher Definitionen für den Begriff der Verfügbarkeit. Um Mißverständnisse zu vermeiden, wird daher nachfolgend eine Begriffsbestimmung vorgenommen /vgl. Abb. 3.1/. Wird jeweils die Zeit für ungeplante Ausfälle, die dem Hersteller zuzuschreiben sind, von der Einschaltdauer abgezogen, spricht man von der Herstellerverfügbarkeit. Sie verringert sich noch um die Zeit für ungeplante Ausfälle, die dem laufenden Betrieb zuzurechnen sind. Die verbleibende Zeit wird als RZ-Verfügbarkeit bezeichnet. Um den Wert für die RZ-Abgabe-Verfügbarkeit zu erhalten, muß nun noch die Zeit für geplante Ausfälle (Wartung usw.) subtrahiert werden /vgl. BRU 84, S. 8ff./. Die Werte sollten nach einem Vorschlag der Arbeitsgruppe *Kennzahlen* der deutschen GUIDE[6] für:

- das gesamte DV-System,
- jede Anwendung und
- jedes Gerät

bestimmt werden /vgl. BRU 84, S. 8/.

Um die für die Anwendungen real zur Verfügung stehende Zeit zu erhalten, muß darüber hinaus die Zeit für Ausfälle der Leitungen und der Terminals in Abzug gebracht werden. Dabei sind aber nur die Ausfallzeiten abzuziehen, die nicht gleichzeitig mit Ausfällen anderer Systemkomponenten zeitlich zusammenfallen. Der ermittelte Wert stellt die Online-Anwenderverfügbarkeit dar /vgl. BRU 84, S. 8/.

Für die DV-Abteilung läßt sich schon allein aufgrund der großen Zahl technischer Geräte und verschiedener Anwendungen zur Bewertung der Verfügbarkeit eine Vielzahl von Kennzahlen definieren.

---

[6] GUIDE steht für: Guidance Users of Integrated Data processing Equipment. In der GUIDE haben sich die Benutzer von IBM-Rechnern zusammengeschlossen, die mindestens über ein IBM-System /370-115 verfügen /vgl. WIN 78, S. 36/.

← Einschaltzeit →

ungeplan-te Ausfälle Hersteller	Hersteller - Verfügbarkeit

1. Stufe

ungeplan-te Ausfälle Hersteller	sonstige ungeplante Ausfälle	RZ - Verfügbarkeit

2. Stufe

ungeplan-te Ausfälle Hersteller	sonstige ungeplante Ausfälle	geplante Ausfälle (Wartung)	RZ - Abgabe - Verfügbarkeit

3. Stufe

ungeplan-te Ausfälle Hersteller	sonstige ungeplante Ausfälle	geplante Ausfälle (Wartung)	Ausfall Leitungen, Software usw.	ONLINE - Anwender-Verfügbarkeit

4. Stufe

Abb. 3.1: Definition der Verfügbarkeit /GUI 85, S. 1-5/

Im Interesse einer guten Überschaubarkeit werden die Kennzahlen - gemäß der für den Rahmenvorschlag gewählten Einteilung /vgl. Abschnitt 5.3/ - den folgenden Funktionsbereichen zugeordnet und in dieser Form vorgestellt:

- Kennzahlen zur Datenerfassung,
- Kennzahlen zur Anwendungsentwicklung,
- Kennzahlen zum DV-Betrieb,
- Kennzahlen zur Kommunikation,
- Kennzahlen zum Output.

3.2 Kennzahlen zur Datenerfassung

Die Erfassung der Leistungen innerhalb des Funktionsbereiches *Datenerfassung* dient der Abrechnung der dort erbrachten Leistungen gegenüber dem Auftraggeber, der Ermittlung der Leistung des einzelnen Datentypisten und ggf. als Grundlage für die Berechnung der Entlohnung /vgl. GRA 82, S. 113/.

Folgende Daten können dazu z.T. automatisch erfaßt werden:

- Arbeitszeit des Typisten,
- Art der Erfassungszeit (normale Arbeitszeit, Überstunden),
- Belegbezeichnung,
- Wert für den Schwierigkeitsgrad der Erfassung,
- Name/Nummer des Typisten,
- ggf. Arbeitszeit des Prüfers,
- Bemerkungen /vgl. GRA 82, S. 113/.

Für die monatliche/jährliche Bewertung der Datenerfassung anhand von Kennzahlen kommen vor allem folgende Werte in Betracht:

- Maschinen-, Personal-, Sachkosten,
- Anzahl der Anschläge pro Monat und Mitarbeiter,
- Anzahl der Mitarbeiter und
- Arbeitszeit für die Erfassung und Prüfung der Daten.

3.3 Kennzahlen zur Anwendungsentwicklung

Kennzahlen im Bereich der *Anwendungsentwicklung* sind ein wichtiges Instrument zur Überwachung und Steuerung des Software-Engineering[7]. Hierzu müssen die Qualität des Softwaresystems (des Programmablaufs und seiner Funktionen), die Produktivität der Programmierung (quantitative Analyse) und die Beziehungen des Softwaresystems zu seiner Umwelt (relationale Analyse) gemessen und bewertet werden. Das Gewährleisten einer hohen Software-Qualität ist von entscheidender Bedeutung, da für qualitativ schlechte Software der spätere Wartungsaufwand wesentlich höher ist als für qualitativ gute. Veröffentlichungen zum Thema Qualitätsverbesserung der

---

[7] DENNIS /vgl. DEN 76, S. 12/ definiert Software-Engineering als "application of principles, skills and art to the design and construction of programs and systems of programs".

Software beschreiben üblicherweise Verfahren zum systematischen und normierten Programmieren, die für die gesamte Phase der Programmentwicklung Gültigkeit besitzen sollten. Entsprechende Verfahren sind z.B. die Jackson-Methode oder die bei dem Medienkonzern zur Anwendung kommende Softwareentwicklungsmethode anhand von Entscheidungstabellen /vgl. BEN 83/.

Als Kennzahl zur Überprüfung der Software-Produktivität wird vielfach die Zahl der entwickelten Programmzeilen (LOC) je Zeiteinheit vorgeschlagen /vgl. WER 81, S. 57/, die in der Praxis häufig auch die Basisgröße zur Aufwandsschätzung darstellt. Dabei bietet es sich an, auch den Quotienten **Anzahl Mitarbeiter/Mio.LOC** als Kennzahl zu wählen, da die Zahl der LOC in erster Linie durch die Anzahl Mitarbeiter (MA) bestimmt wird. Die Anzahl LOC pro Zeiteinheit als Basisgröße zur Aufwandsschätzung sowie als Produktivitäts- und damit Vergleichsmaßstab ist in der Literatur umstritten /vgl. WER 81, S. 59; WIR 80, S. 77ff. u. THI 82, S. 154/. Die Skepsis gegenüber der Kennzahl ist gerechtfertigt, da Experten einerseits bei der Aufwandsschätzung für dasselbe Programm zu sehr unterschiedlichen Ergebnissen kommen /vgl. THI 82, S. 154/. Andererseits existieren neben den LOC pro Zeiteinheit eine Vielzahl anderer Faktoren, die die SW-Produktivität entscheidend beeinflussen. Neben der Anzahl MA bestimmen die eigentliche Aufgabenstellung und die gesamte Umgebung des Softwareprodukts die SW-Produktivität /vgl. WIR 80, S. 91 u. WER 81, S. 25/. Die Umgebung der Software läßt sich in mehrere Komponenten aufteilen:

- programmiertechnische Umgebung (z.B. Programmierer, Sprache, Methode),
- systemtechnische Umgebung (Hardware, Betriebssystem),
- organisationstechnische Umgebung (Management, Organisations-Standards),
- anwendungstechnische Umgebung (Gebiet, Art (Batch, Dialog)),
- betriebstechnische Umgebung (Benutzer, Eingabedaten),
- dokumtentationstechnische Umgebung (Programm-, Bedienungs-, Benutzer-, und Anwendungsdokumentation).

Die LOC pro Zeiteinheit sind daher kein zufriedenstellender Indikator für die Produktivität der Programmentwicklung. In der Literatur /S. 59/[8] wird stattdessen vorgeschlagen, den Indikator durch Messungen der Quantität, der Komplexität und der Programmlänge zu ersetzen. WERNER unterteilt mögliche Kennzahlen zur **quantitativen Analyse** der Software in mehrere Kategorien /vgl. Abb. 3.2/.

[8] Die folgenden Seitenangaben beziehen sich auf /WER 81/

Bereiche	mögliche Kennzahlen
Basisgrößen	LOC Lines of Code TCE Thousand Code Elements[9]
Datenumfang	Anzahl Datendefinitionszeilen Anzahl Datenverwendungszeilen
Datenstruktur	Anzahl Dateien, Anzahl Tabellen
Anweisungsumfang	Anzahl E/A-Anweisungen Anzahl Anweisungen/LOC
Anweisungsstruktur	Anzahl Anweisungen/Routine Anzahl Schleifen/Programm
Kommentarumfang	Anzahl Kommentarwörter Anzahl Kommentarzeilen
Kommentarstruktur	Anzahl Kommentarzeilen/LOC

Abb. 3.2: Quantitative Kennzahlen /vgl. S. 59ff./

Aus den Anforderungen, die von der Hardware, der Systemsoftware, vor-/nachgelagerten Programmen, den Benutzern/Bedienern sowie den Software-Herstellern an das Produkt gestellt werden, können **Qualitätskennzahlen** abgeleitet werden /vgl. Abb. 3.3/.

Anforderungen	mögliche Kennzahlen
Zuverlässigkeit	Anzahl Fehlerabfragen
Speichereffizienz	Anzahl Füllfelder im Datensatz
Laufzeiteffizienz	Anteil von ASSEMBLER-Routinen an allen externen Routinen Anteil komplexer Mehrfachbedingungen an allen Bedingungen
Übertragbarkeit	Anteil externer Programmaufrufe an allen Programmaufrufen
Wartbarkeit	Anteil Anweisungen ohne GOTO
Kommunikativität	Anteil verständlicher Meldungen an allen Meldungen Anteil übersichtlicher Druckbilder an allen Druckbildern

Abb. 3.3: Qualitative Kennzahlen /vgl. S. 275ff./

Für die Vergleichbarkeit von Software und die Abnahmeprüfung ist zudem die qualitative Analyse der Funktionen von Bedeutung, die sich in die Analyse der DV-technischen (aktions-/ datenorientierte Funktionen) und der DV-spezifischen (Steuerungs-

9 Zeichen oder Zeichenfolgen, die bestimmte Funktionen innerhalb eines Programms erfüllen und programmtechnischer oder dokumentarischer Art sind /vgl. WER 81, S. 137/

/Verwaltungsfunktionen) unterteilen läßt. Für diesen Analysebereich (**funktionale Kennzahlen**) schlägt WERNER ebenfalls einige Kennzahlen vor /vgl. Abb. 3.4/.

Teilaspekt	mögliche Kennzahlen
aktionsorientiert	Anzahl arithmetische Anweisungen mit max drei Operatoren
datenorientiert	Anzahl Zeilendruckmasken, SORT/MERGE Anweisungen
Steuerungsfunktion	Anzahl definierter Schalter
Verwaltungsfunktion	Anzahl Anweisungen zur Datums- bzw. Zeitabfrage

Abb. 3.4: Funktionale Kennzahlen /vgl. S. 370ff./

Schließlich ist zur umfassenden Beurteilung eines Software-Produkts die Analyse der **relationalen Merkmale** notwendig. Sie stellen die Einwirkungen der Umgebung auf das Programm (z.B. Wechsel der Hardware, des Compilers, der Benutzer etc.) und die Auswirkungen des Programms auf seine Umgebung (Bedarf nach neuen Ressourcen (neue Drucker/Plotter), Anfragen der Benutzer nach Erweiterungen, Änderungen etc.) dar /S. 373/. Identische Programme können daher unterschiedliche relationale Merkmale besitzen /S. 373/. In Abbildung 3.5 sind die wesentlichen Teilaspekte genannt, in die sich die relationalen Merkmale aufteilen.

Teilaspekt	mögliche Kennzahlen/Indikatoren
Speichergröße	Größe der Programmteile in KB
Erstellungsprozeß	Personalaufwand, Rechneraufwand in Tagen
Wartung	geschätzte Lebensdauer, Änderungshäufigkeit pro Jahr
Problemorientierung	Anwendungs-, Problem-, Aufgabenbereich (0/1)
Anwendungsgebiet	betrieblicher Teilbereich
Integration	Interaktion mit anderen Programmen
Benutzerorientierung	Funktionsumfang, Benutzerintensität
DV-spezifischer Einsatz	Laufhäufigkeit, Belastung der Peripherie pro Monat

Abb. 3.5: Relationale Kennzahlen/Indikatoren /vgl. S. 380ff./

Die Ausführungen zur Problematik der Software-Qualitätsbewertung zeigen deutlich, daß allein für ihre umfassende Beurteilung eine Vielzahl von Kriterien in Betracht zu ziehen sind. Dabei wurden aber noch nicht die bei der Ermittlung der Kennzahlen auftretenden Probleme angesprochen. Die Datenerhebung bereitet große Schwierigkeiten, da in den meisten Software-Abteilungen verschiedene Programmiersprachen eingesetzt werden. Außerdem wurden Probleme, die sich beim Vergleich der für unterschiedliche Projekte ermittelten Kennzahlen ergeben, ebenfalls noch nicht näher erörtert.

Der Einfluß der Software-Qualität auf die Wirtschaftlichkeit der gesamten DV ist sicherlich groß, doch ist es fraglich, ob der Aufwand, der hier für eine laufende Erfassung und Beurteilung der großen Zahl unterschiedlicher Kennzahlen erforderlich ist, in Relation zum damit erzielten Nutzen steht. Wichtiger erscheint es, daß zunächst von der Unternehmensleitung eine verbindliche Standardisierung bei der Software-Entwicklung vorgegeben wird. Kennzahlen zur Software-Qualität sollten dann vorrangig projektbezogen erfaßt werden und dafür Sorge tragen, daß ein Einhalten der Normen gewährleistet ist. Die Bedeutung der Anwendungsentwicklung und der zu ihrer detaillierten Beurteilung notwendige Aufwand entscheiden schließlich darüber, welche Kennzahlen aus dem Bereich der Anwendungsentwicklung in ein DV-Kennzahlensystem aufgenommen werden.

3.4 Kennzahlen zum DV-Betrieb

Bei der Auswahl von Kennzahlen für den Rechenzentrumsbetrieb sind vornehmlich Werte der Leistungsträger von Bedeutung, die von den Rechenzentren i.d.R. abgerechnet werden. Die folgende Auflistung stützt sich dabei auf eine Untersuchung von MICHELS und REULECKE (1986) /vgl. MIC 86, S. 38ff. und REU 87, S. 44/. Danach werden in erster Linie folgende Leistungsträger von DV-Unternehmen abgerechnet:

- CPU,
- Drucker,
- Plattenzugriffe,
- Bandbewegungen,
- permanente Plattendateien,
- Dialog,
- Hauptspeicher,
- COM und
- Datenerfassung.

Die einzelnen Leistungsträger werden allerdings nach den unterschiedlichsten Leistungsarten abgerechnet; z.B. kann der CPU-Verbrauch in Stunden oder MIPS und die Datenerfassung in Stunden oder 1000 Zeichen gemessen werden, wodurch ein Betriebs-Vergleich wesentlich erschwert wird.

Weitere Kennzahlen, die für den RZ-Betrieb von großer Bedeutung sind, ergeben sich aus dem Bestreben, den Benutzern einen sehr guten Service anbieten zu können. Der Service wird in erster Linie durch die RZ-Abgabe-Verfügbarkeit bestimmt. Die Messung der Verfügbarkeit **einzelner** Geräte ist an sich unproblematisch. Probleme ergeben sich allerdings bei der Bewertung und Messung der RZ-Abgabe-Verfügbarkeit. Dabei stellt sich vornehmlich die Frage, wie die Zeiten, in denen der Rechner nur mit eingeschränkter Kapazität arbeitet (da z.B. einige Komponenten, wie Magnetplatten, Bänder oder Drucker, teilweise ausgefallen sind) in die Berechnung einbezogen werden sollen. Die Gewichtung der Zeiten der eingeschränkten Betriebsbereitschaft mit einem Faktor 'kleiner eins' bildet einen Ausweg. So können die schlechteren Bedingungen - wie z.B. höhere Antwortzeiten, die einen schlechteren Durchsatz bewirken - Berücksichtigung finden /vgl. BRU 84, S. 21f. u. DIR 80b, S. 159/.

Bsp.: Die RZ-Abgabe-Verfügbarkeit der DV-Anlage sei 97% (Teile des Hauptspeichers waren allerdings zeitweise defekt). Die gewichtete RZ-Abgabe-Verfügbarkeit der DV-Anlage ist dann geringer. Sie wird wie folgt festgesetzt (0,7 sei der entsprechende Gewichtungsfaktor):
= 0,97 * 0,7 = 0,679 = 67,9 % .

Zur Beurteilung von Werten zur Verfügbarkeit und zum Servicegrad werden Vergleichsgrößen benötigt. MEUER nennt in diesem Zusammenhang folgende Sollwerte /vgl. MEU 79, S. 152 aber auch STA 87, S. 387; GRA 82; S. 365f. u. LUT 79, S.126/.:

- RZ-Abgabe-Verfügbarkeit > 98 %,
- TP-Verfügbarkeit > 97 %,
- durchschnittliche Antwortzeit < 2 s,
- CPU-Auslastung > 55 %,
- ungeplante Systemstarts < 20 pro Monat.

Die Aufstellung verdeutlicht - im Vergleich zur Definition der Verfügbarkeit in Abschnitt 3.1 - eine weitere Schwierigkeit: Zwar ist die obige Definition eindeutig, doch werden sowohl in der Praxis als auch in der Literatur die unterschiedlichsten Verfüg-

barkeitsbegriffe verwendet /vgl. z.B. SCB 83, S. 70 u. GRA 82, S. 335f./, so daß sich schon allein zu diesem Aspekt viele Kennzahlen aufstellen lassen.
Als wichtigste Kennzahlen für den RZ-Betrieb werden von STAHLKNECHT die in Abbildung 3.6 enthaltenen Werte genannt.

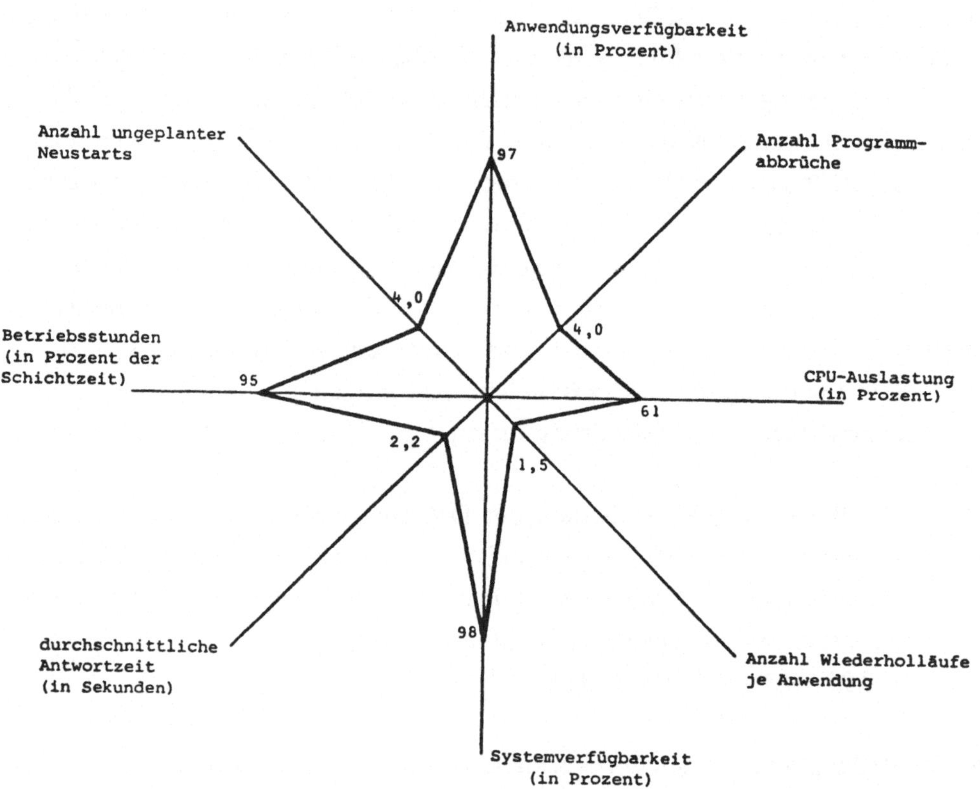

Abb. 3.6: KIVIAT-Graph /STA 87, S. 387/

Die Darstellung erfolgt hier in einem KIVIAT-Graphen[10]. In einem gut gesteuerten System hat der Kiviat-Graph eine Sternform. Im Idealzustand würde er aus alternierenden Radien der Länge 0 und 1 bestehen /vgl. STA 87, S. 387/. Der KIVIAT-Graph ist eine Methode, eine begrenzte Anzahl von Kennzahlen übersichtlich abzubilden. Die Form der graphischen Darstellung hat den Vorteil, daß auf Schwachstel-

[10] Bei der Darstellung in einem KIVIAT-Graphen muß die Anzahl der Merkmale, für die der Idealwert 100% ist, der Anzahl der Merkmale entsprechen, für die der Idealwert 0 ist.

len drastisch hingewiesen wird, so daß sie auf den ersten Blick erkannt werden können. Ein großer Nachteil des KIVIAT-Graphen ist allerdings, daß nur eine begrenzte Zahl von Werten in einem solchen Graphen anschaulich aufgezeigt werden können.

3.5 Kennzahlen zur Kommunikation

Kennzahlen zur Leistungsüberwachung werden dazu benötigt, die Einhaltung der vorgegebenen Betriebsziele sicherzustellen. Hierzu zählen im Bereich der *Kommunikation* die Ausfallsicherheit, minimale Übertragungszeiten und ein maximaler Durchsatz der Leitungen und Vermittlungsrechner /vgl. CHY 82, S. 221/.

Die Systemkomponenten, die sich für eine Leistungsmessung anbieten, sind:

- Hardware-Komponenten (d.h. Sichtgeräte, Drucker, Vermittlungsrechner und Verbindungsleitungen) und
- Software-Komponenten (d.h. die Betriebssysteme der Vermittlungsrechner) /vgl. CHY 82, S. 223/.

Die Messwerte werden mit Hardware- bzw. Software-Monitoren gemessen /vgl. TER 79, 106f./. Mögliche Kennzahlen sind:

- für den Vermittlungsrechner,
  - Belastung des Vermittlungsrechners in Prozent seiner Kapazität,
  - Speicherauslastung und
  - Anzahl I/O-Transaktionen;
- für die Verbindungsleitungen,
  - Übertragungsrate und
  - Betriebsart
- für Dialoggeräte,
  - Anzahl I/O-Transaktionen je Gerät,
  - Summen der transportieren Zeichen aller Geräte und
  - durchschnittliche Antwortzeiten;
- für Stapelgeräte,
  - Anzahl Aufträge je Zeitintervall /vgl. CHY 82, S. 237/.

Die Kennzahlen können in verschiedenen Zeitabständen festgehalten werden. Folgende Abfragemöglichkeiten sollten generell bestehen:
a) Abruf der aktuellen Werte;
b) Abruf der Werte für 24 Stunden-Intervalle;
c) Abruf eines durchschnittlichen Monatswertes.

Für ein unternehmensbezogenes Kennzahlensystem genügt allerdings das Festhalten des durchschnittlichen Monatswerts.

3.6 Kennzahlen zum Output

Die Datenausgabe kann

- indirekt, in maschinell lesbarer Form oder
- direkt, in visuell lesbarer oder akustischer Form

erfolgen /vgl. STA 87, S. 75/. Die Datenausgabe i.e.S. ist die direkte Ausgabe in visuell lesbarer Form auf Papier, auf Mikrofilm oder am Datensichtgerät /vgl. STA 87, S. 76/. Da Drucker und Mikrofilmgeräte im Gegensatz zu Datensichtgeräten üblicherweise offline arbeiten und da sie trotz abnehmender Tendenz insbesondere der Druckausgabe immer noch eine große Bedeutung haben und einen hohen Bedienungsaufwand erfordern /vgl. GRA 82, S. 171/, sollen Kennzahlen hierzu separat erörtert werden. In den Output-Bereich fallen demnach in dem vorliegenden System nur die Kennzahlen, die sich auf die Druckausgabe und die Ausgabe auf Mikrofilm beziehen.

Obwohl der Output aufgrund seines Kostenvolumens heute eine wesentlich größere Bedeutung besitzt als die Datenerfassung und obwohl die Ausgabegeräte mittlerweile vielfach räumlich vom eigentlichen RZ-Betrieb getrennt sind, wird dieser Teil der DV im Gegensatz zur Datenerfassung oft nicht als eigenständiger Organisationsbereich eingestuft. Das ist wahrscheinlich historisch bedingt, sollte aber aufgrund der bisherigen und zukünftigen Entwicklung innerhalb der DV zumindest überdacht werden. Es ist absehbar, daß die konventionelle Datenausgabe auf Papier wegen der zunehmenden Dialogverarbeitung an Bedeutung verliert. Durch das ständig ansteigende Datenvolumen wird allerdings die Archivierung besonders auf Magnetbändern, CD-ROM Platten und Mikrofilm zunehmendes Gewicht erlangen, so daß die Datenausgabe weiterhin ein wesentlicher Bestandteil der DV sein wird und damit auch eine organisatorische Trennung der Datenausgabe vom eigentlichen RZ-Betrieb sinnvoll bleibt.

Neben den Daten zur Personalentwicklung sind daher in dem Output-Bereich Kennzahlen erforderlich, die - getrennt nach Datenträgern - Auskunft über die Mengen und den Preis je Mengeneinheit geben. Zur Vergleichbarkeit der eigenen Peripherie mit der auf dem Markt angebotenen und in anderen Unternehmen verfügbaren Peripherie sollten u.a. Informationen über die Zahl, die Verfügbarkeit, das Leistungsvermögen und die laufenden Kosten (insbesondere die Wartungskosten) der vorhandenen Peripheriegeräte vorliegen.

Weiterhin sind für die Druckausgabe Kennzahlen interessant, die die Anzahl der im Output beschäftigten Mitarbeiter (MA) zur Outputmenge ins Verhältnis setzen, wie z.B. die Kennzahl Anzahl MA im Druckbereich pro Tsd. Laserdruckseiten.

Eingangs wurde bereits aufgezeigt, daß eine isolierte Analyse von Einzelkennzahlen eine geringere Aussagekraft hat als die Betrachtung von Kennzahlen- oder Berichtssystemen. Im nächsten Kapitel schließt sich daher eine Beschreibung bestehender DV-Kennzahlen- und Berichtssysteme an.

4 Kennzahlen- und Berichtssysteme im DV-Bereich

4.1 Einführung

Für das routinemäßige Erstellen von DV-Berichtssystemen werden immer mehr Software-Produkte angeboten. Wurden im ISIS Software Katalog 1983 /vgl. ISI 83, S. 4002ff./ lediglich 86 Software-Produkte zu den Bereichen *Job Control*, *RZ-Management*, *Performance-Messung* und *System-Tuning* offeriert, so waren es 1987 bereits 138 Produkte /vgl. ISI 87, S. 3002 ff./. IBM stellt z.B. den SLR (Service Level Reporter) /vgl. IBM 83/, SIEMENS das RAV-X (Rechenzentrums-, Abrechnungs- und Berichtsverfahren -Extended) zur Verfügung /vgl. SIE 82/.

Vorschläge zu Kennzahlensystemen im DV-Bereich wurden bisher von der Schweizerischen Vereinigung für Datenverarbeitung (SVD), von der DIEBOLD Gesellschaft und von ZILAHI-SZABO und Mitarbeitern gemacht. Im folgenden werden diese Kennzahlensysteme und als Beispiel für ein DV-gestütztes Berichtssystem der SLR zunächst vorgestellt und kritisch gewürdigt, ehe auf ihre Bedeutung für die Entwicklung von EXARK eingegangen wird.

4.2 Das SVD-Kennzahlensystem

Ziel des Kennzahlensystems der Schweizerischen Vereinigung für Datenverarbeitung (SVD) ist es, die Planung, Steuerung und Kontrolle der Wirtschaftlichkeit von DV-Anwendungen zu verbessern /SVD 81, S. 13/. Um die Wirtschaftlichkeit einer DV-Anwendung bestimmen zu können, müssen Kosten und Nutzen gegenübergestellt werden. Daher sind im SVD-System Kennzahlen zu den Kosten, zur Leistung und zum Nutzen (als bewertete Leistungen) der DV enthalten. Die Kennzahlen werden auf der Ebene der DV-Abteilung weiterhin unterteilt nach der *System-Entwicklung* und dem *System-Betrieb*, da die Bereiche weitgehend getrennt voneinander tätig sind und unterschiedliche Leistungen beanspruchen. Die beiden Komponenten stellen eine Dimension einer Kennzahlen-Pyramide dar /vgl. Abb. 4.1/. Während in der Abteilung System-Entwicklung von den Leistungsarten Personalleistung und Computerleistung erstere überwiegt, ist für den System-Betrieb die Computerleistung von grösserer Bedeutung.

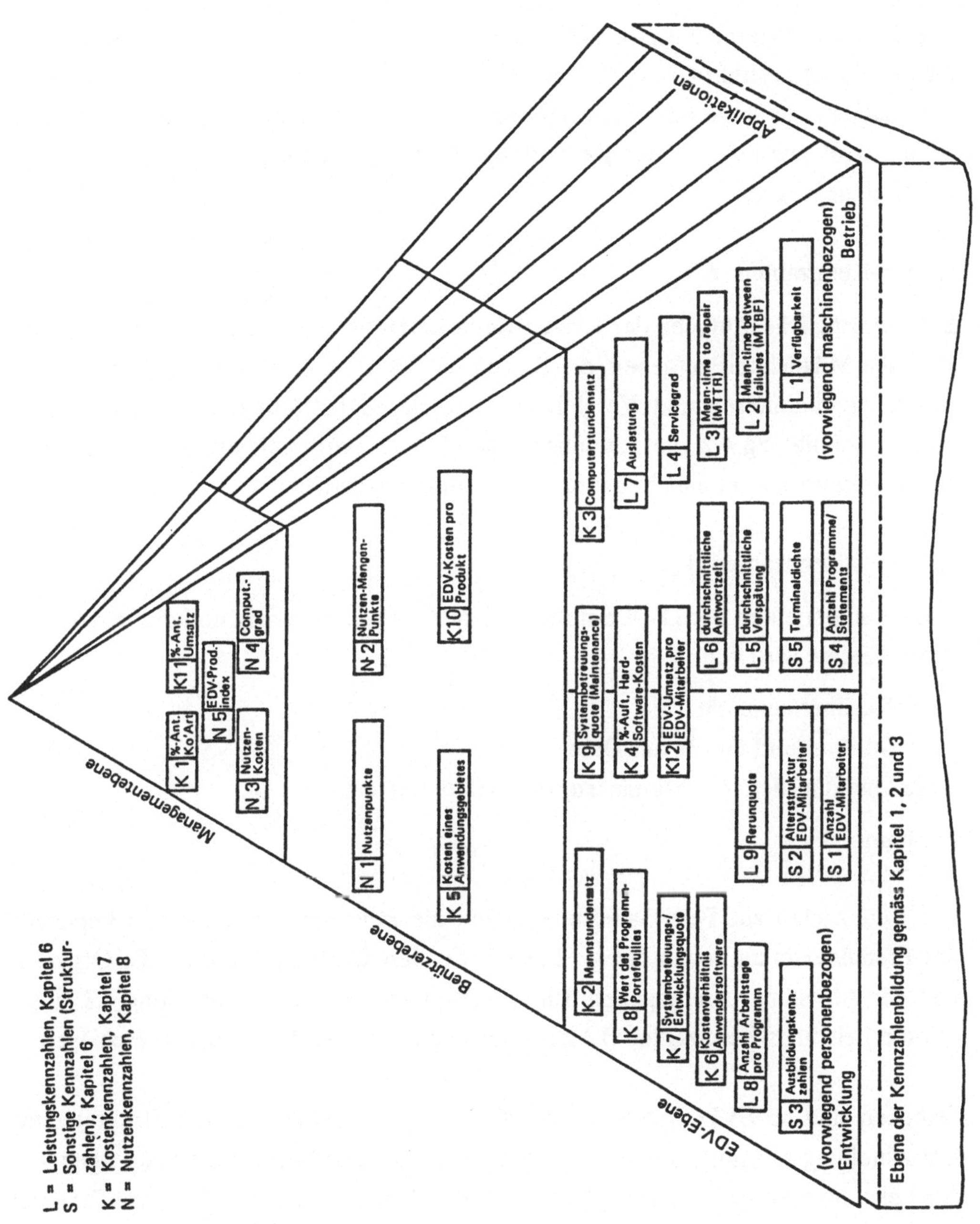

Abb. 4.1: Kennzahlenpyramide des SVD-Kennzahlensystems /SVD 81, S. 120/

Die Tiefe der Pyramide ergibt sich dadurch, daß jede Kennzahl für jede Applikation (Anwendung) bestimmt wird. Auf der Ebene der 'Kennzahlenbildung' befinden sich alle Zahlen, aus denen die Kennzahlen gebildet werden. Auf die einzelnen Kennzahlen wird nunmehr in der Reihenfolge Kosten-, Leistungs-, Nutzen-Kennzahlen näher eingegangen.

Kosten-Kennzahlen (K):

Die vordringliche Aufgabe der Kosten-Kennzahlen besteht darin, dem Verantwortlichen die Möglichkeit zu geben, die Kosten im DV-Bereich zu überwachen, zu beurteilen, zu minimieren und Vergleiche mit anderen Unternehmen durchführen zu können. Abbildung 4.2 gibt u.a. einen Überblick der vorgeschlagenen Kosten-Kennzahlen und beinhaltet daneben ihre Berechnungsvorschriften.

Leistungs-Kennzahlen (L):

Hauptkomponenten der DV-Leistung sind die Computerleistung und die Personalleistung. Erstere wird von

- der Rechnerkapazität,
- der Struktur und Größe der Dateien und
- der Qualität (dem Funktionieren) des Datentransfers

bestimmt.

Die Kennzahlen zur Personalleistung sollen die Leistungen des eigenen Personals, des Fremdpersonals sowie die sie beeinflussenden Umweltfaktoren (z.B. Organisation der Abteilung) wiedergeben. Im einzelnen werden die in Abbildung 4.2 aufgeführten Leistungs-Kennzahlen (L) zur Beurteilung der DV-Leistung vorgeschlagen.

Daneben sind im SVD-System Kennzahlen vorhanden, die über die Struktur einer DV-Abteilung Auskunft geben und damit ebenfalls einen beachtlichen Aussagegehalt zur Leistung bzw. Leistungsfähigkeit der DV liefern können (S = sonstige Struktur-Kennzahlen).

Lassen sich die beiden ersten Bereiche der Leistungs- und Kosten-Kennzahlen objektiv messen, so muß bei der monetären Bestimmung des Nutzens der "Bereich der gesicherten Erkenntnisse" verlassen werden /SVD 81, S. 95/.

Kennzahl	Bezeichnung	Berechnungsvorschrift
L1	Verfügbarkeit	(Sollstd-Ausfallstd.) * 100 / Sollstd.
L2	Zuverlässigkeit	Sollstd / Anzahl Ausfälle
L3	durchschn. Reparaturzeit	Summe Reparaturzeit / Anzahl Reparaturen
L4	Servicegrad	Anzahl Fälle termingerecht * 100 / Anzahl geplante Ablieferungen
L5	durchschn. Verspätungen	Summe Verspätungen / Anzahl Verspätungen
L6	durchschn. Antwortzeit	Summe Antwortzeiten / Anzahl Transaktionen
L7	Auslastung	erbrachte Leistung / Nennleistung * 100
L8	Arbeitstage je Programm	Anzahl Arbeitstage je Programm
L9	Rerunquote	Rerunstunden (Wiederholungen) / produktive Verarbeitungsstd. * 100
S1	Anzahl DV-Mitarbeiter	Anzahl der DV-Mitarbeiter
S2	Altersstruktur	Lebensalter, Dienstalter, Jahre DV-Erfahrung
S3	Ausbildungskennzahlen	Ausbildungsaufwand je Mitarbeiter
S4	Anzahl Programme / Statements	Anzahl Programme / Statements
S5	Terminaldichte	Terminals pro Mitarbeiter
K1	%-Anteil je Kostenart	Totale Kosten je Kostenart / Totale DV-Kosten (Personal, Maschinen, Sachen, Ausbildung)
K2	personalabhängiger Verechnungssatz	Personalkosten / gepl. verrechenbare Persstd.
K3	maschinenabhängiger Verechnungssatz	Kosten für DV-Betrieb / gepl. verechenbare Maschinenstd.(CPU-Std.)
K4	%- Verteilung der Ausgaben	nach -Hardware -Betriebssystemsoftware -Anwendersoftware
K5	%-Anteil eines Anwendungsgebiets	Betriebskosten je A-gebiet / Kosten für DV-Betrieb, Entwicklungskosten je A-gebiet / Kosten für DV-Entwicklung
K6	Kostenverhältnis Anwendersoftware	Neuentwick.-, Systembetreuungs-u. Änderungskosten Gesamtkosten für Anwendersoftware
K7	Systembetreuungs-/Entwicklungsquote	Systembetreuungskosten eines Arbeitsgebiets / ursprüngliche Neuentwicklungskosten dieses Arbeitsgebiets
K8	Wert des Programmportefeuilles	L8 * Kostensatz * Anzahl Programme
K9	Systembetreuungsquote	Kosten für Systembetreuung pro Jahr/K8*100
K10	DV-Kosten pro Produkt	DV-Gesamtkosten je A-gebiet (-Betrieb u. Syst.betreuung)/Leistungseinheit
K11	% DV-Kosten am Umsatz	Gesamt-DV-Kosten / Umsatz
K12	DV-Umsatz pro Mitarbeiter	Gesamt-DV-Umsatz /Anzahl DV-Mitarbeiter (bei nicht selbständigen Rechenzentren Gesamt-DV-Kosten / Anzahl DV-Mitarbeiter)

L= Leistungs-Kennzahlen S= sonstige Struktur-Kennzahlen
K= Kosten-Kennzahlen

Abb. 4.2: Kosten-, Leistungs- und Struktur-Kennzahlen des SVD-Systems /vgl. SVD 81, S. 65ff./

Neben der Frage, wie gut (Nutzenhöhe) die Aufgabe mit der DV gelöst wird, muß festgehalten werden, für wen (für welche Anwendung) die Aufgabe einen Nutzen darstellt und in welchem der drei Bereiche *Eingabe*, *Ausgabe* oder *Verarbeitung* sich der Nutzen ergibt /vgl. Abb. 4.3/.

Folgende Kennzahlen werden vorgeschlagen:

Nutzen-Kennzahlen (N):

Kennzahl	Bezeichnung	Berechnungsvorschrift
N1	Nutzenpunkte	Nutzenpunkte einer (aller) Applikation(en)
N2	Nutzen-Mengen-Punkte einer (aller) Ap.	T= M * P
N3	Nutzen-Kosten-Kennzahl	T * 1000 / DV- Kosten
N4	Computerisierungsgrad	erreichte Punkte / max. Punkte bei vollständiger Computerisierung
N5	Nutzen-Kosten	Computerisierungsgrad / %-Anteil der DV-Kosten am Umsatz (K11)

N= Nutzen-Kennzahlen

Abb. 4.3: Nutzen-Kennzahlen des SVD-Systems /vgl. SVD 81, S. 102ff./

Zu den Nutzen-Kennzahlen sind noch einige Anmerkungen zu machen. Für eine Bewertung der Leistung bedarf es eines Vergleichszustandes, den hier der Nutzen einer Applikation ohne DV-Einsatz darstellt. Die Nutzenpunkte einer Applikation (Px) bei DV-Einsatz werden schließlich wie folgt ermittelt:

- ja-nein Bewertung, ob die Kriterien A-O, die in die Bereiche *Eingabe*, *Verarbeitung*, *Ausgabe* aufgeteilt sind, erfüllt sind /vgl. Abb. 4.4/;
- wenn ein Kriterium vorliegt, wird es danach bewertet, wie viele der im Anschluß genannten Anforderungen zutreffen:

  - Vollständigkeit,
  - Komplexität,
  - Flexibilität,
  - Transparenz und
  - Sicherheit.

Eingabe

A: Dateneingabe mit vollständigen formalen Tests in bezug auf Plausibilität wie auf Widersprüche.
- das Eingabemedium, online oder batch, darf nicht zum EDV-Funktionsachsen-bedingten Kriterium werden, da der Nutzen einer online-Lösung nicht gezwungenermaßen größer ist.

B: Automatische Datenerfassung (z.B.: optische Markierungs- oder Klarschriftlesung, Eingabe von Inkassodaten auf Datenträgern, Überspielung von Daten aus anderen Applikationen).

Verarbeitung

C: Verarbeitungsfunktion als solche (Vollständigkeit, werden auch Spezialfälle maschinell abgedeckt?, werden nur die einfachen Berechnungen gemacht usw.).

D: Generierung zusätzlicher Daten aufgrund der eingegebenen Informationen (Beispiel: automatische Tarifierung von Versicherungsprämien).

E: Auslösung von Aktionen durch die eingegebenen Daten (Beispiel: Auslösen von Meldungen an sämtliche betroffene Stellen).

F: Automatische Mutation ganzer Datenbestände (Beispiel: automatische Anpassung von Artikelpreisen).

Ausgabe

Wie bereits einleitend erwähnt, müssen zum Teil auch Verarbeitungsfunktionen, die in Verbindung mit Auswertungen auftreten, unter diesem Punkt erfaßt werden.
Der Output läßt sich in drei Gruppen gliedern:

- Datenausgaben, die den aktuellen Stand des Datenbestandes zeigen

G: optimale und stets aktuelle Abfragemöglichkeit (z.B. Online-Zugriff)

- operative Ausdrucke

H: Ausdrucke einfacher Art ohne Veränderung der Daten (Beispiel: Protokolle von Materialbewegungen)

I: Ausdrucke mit erheblicher Verarbeitung ohne bleibende Veränderung der Daten (Beispiel: Faktura mit komplizierter Rabattgestaltung bei getrennter Sollstellung)

K: Ausdrucke einfacher Art mit bleibender Veränderung der Daten (Beispiel: Fakturenjournal mit Sollstellung)

L: Ausdrucke mit erheblicher Verarbeitung mit bleibender Veränderung der Daten (Beispiel: Kalkulation eines Produktes mit Stückliste und Nachtrag des Einstandspreises).

M: Maschinelle Unterstützung der operationellen Tätigkeiten durch Textverarbeitung, wobei das Maß der Zugriffsmöglichkeiten auf variable Datenbestände als Beurteilungskriterium mitberücksichtigt werden muß.

- Statistische Auswertungen und Dispositionsunterlagen

N: Auswertungen einfacher Art (Beispiel: Kundenumsatzlisten, Artikel-/Preislisten)

O: Auswertungen mit erheblicher Verarbeitung (Beispiel: Debitorenausstandübersichten mit Gliederung nach Kundengruppen oder Perioden, lineare Optimierung).

Abb. 4.4: Kriterien zur Ermittlung der Nutzenpunkte /SVD 81, S. 97f./

Für jede erfüllte Anforderung wird ein Punkt vergeben. Ist eine derartig detaillierte Bewertung nicht möglich, so wird das Kriterium global mit den Punkten (0 bis 5) bewertet (wobei keine Punkte bei einer sehr schlechten und fünf Punkte bei einer sehr guten Erfüllung des Kriteriums vergeben werden).

Für eine Vergleichbarkeit des Nutzens mit den Kosten werden die Punktzahlen gewichtet. Dazu werden die Verarbeitungsmengen (Mutationen) herangezogen. Die Nutzenzahl (Tx) ergibt sich sodann aus Tx = Px * Mx (M= Verarbeitungsmenge, die gemäß der Studie aus der Summe der Mutationen (Veränderungen) und der Bestandsgrößen bestimmt wird). Da erfahrungsgemäß die Kosten nicht proportional mit den zu verarbeitenden Mengen steigen, wird eine andere Beziehung vorgeschlagen: Tx= Px * √Mx. Nunmehr wird die gesuchte Kennzahl, die einen Wirtschaftlichkeitsvergleich mit anderen Betrieben bzw. der Situation vor Einführung der DV erlaubt, berechnet.

Nutzen/Kosten-Kennzahl = T * 1000 / DV-Kosten

Zusammenfassend ist festzuhalten:

Gerade bei der Berechnung von Nutzen-Kennzahlen fließt immer ein hohes Maß an Unsicherheit in die Untersuchung ein. Darauf haben die Autoren in ihrer Arbeit bereits selbst hingewiesen. Die Tatsache, daß die Theorie der Praxis bisher keine ausreichenden Hilfestellungen zur Beseitigung der Unsicherheit angeboten hat, bewog sie dazu, den oben beschriebenen Versuch zu wagen. Die vorgestellten Nutzen-Kennzahlen könnten nur "ein Mittel sein, um auf anderen Wegen gewonnene Erkenntnisse zu bestätigen oder in Frage zu stellen" /SVD 81, S. 95/. Die Kennzahlen selbst bildeten nicht den größten Gewinn einer derartigen Analyse. Der läge vielmehr darin, daß man sich darüber Rechenschaft geben müsse, welchen Nutzen eine DV-Funktion habe. Somit stelle der Zwang zu einem methodischen Vorgehen einen viel höheren Nutzen dar als die Kennzahl selbst /vgl. SVD 81, S. 106/.

Übergangen wird das Problem des Festlegens der Mengen Mx. Es fehlt außerdem eine klare Definition der Begriffe *Mutationen* und *Bestandsgrößen*. Der angenommene Zusammenhang zwischen den Punkten und den Mengen (Tx = Px * √Mx) basiert auf einer unbegründeten Vermutung.

Das Kennzahlensystem kann zur Überprüfung der Wirtschaftlichkeit des DV-Einsatzes in einem Unternehmen eingesetzt werden. Dabei ist allerdings zu berücksichtigen, daß die große Zahl der in dem System enthaltenen Kennzahlen eine effektive Analyse erschwert. Bei seiner praktischen Anwendung muß der Anwender sich darüber hinaus immer der Schwächen von Kennzahlen allgemein und der hier vorgeschlagenen im besonderen bewußt sein.

4.3 Das DIEBOLD-Kennzahlensystem

Die Zielsetzung des DIEBOLD-Kennzahlensystems ist weiter gefaßt als die des SVD-Systems. Das DIEBOLD-System soll /vgl. DIE 80, S. 3/:

- eine systematische Kontrolle der Effektivität des DV-Einsatzes im gesamten Unternehmen ermöglichen;
- Hinweise auf notwendige Anpassungsmaßnahmen an veränderte Bedingungen geben;
- zur Orientierung bei der kurz- und mittelfristigen Planung beitragen.

Der Aufbau des DIEBOLD-Kennzahlensystems ist streng hierarchisch. Spitzenkennzahl ist die Relation

$$\frac{\text{Gesamtkosten}}{\text{Umsatz}} * 100.$$

Abbildung 4.5 gibt den Aufbau des DIEBOLD-DV-Kennzahlensystems wieder. Auf der folgenden Hierarchiestufe stehen neben Kennzahlen, die die Wirtschaftlichkeit der Leistungserstellung der zentralen Organisation und Datenverarbeitung (Kennzahlengruppe B) bewerten, die Kennzahlen, die die Wirkungen des DV-Einsatzes im Hinblick auf die Unternehmensleistung (Kennzahlengruppe A) bestimmen. Die Gruppe A ist wiederum aufgeteilt in das Gesamtunternehmen und die Hauptfunktionsbereiche, wie z.B. Verkauf, Einkauf, Produktion usw. In der zweiten Hierarchiestufe wurde eine weitere Unterteilung in die Bereiche Leistungsfähigkeit der DV-Nutzung und Zukunftsvorsorge vorgenommen.

Die Kennzahlengruppe B, die zur Entwicklung des Kennzahlensystems von EXARK von besonderem Interesse war, unterteilt sich in Kennzahlen für das Rechenzentrum

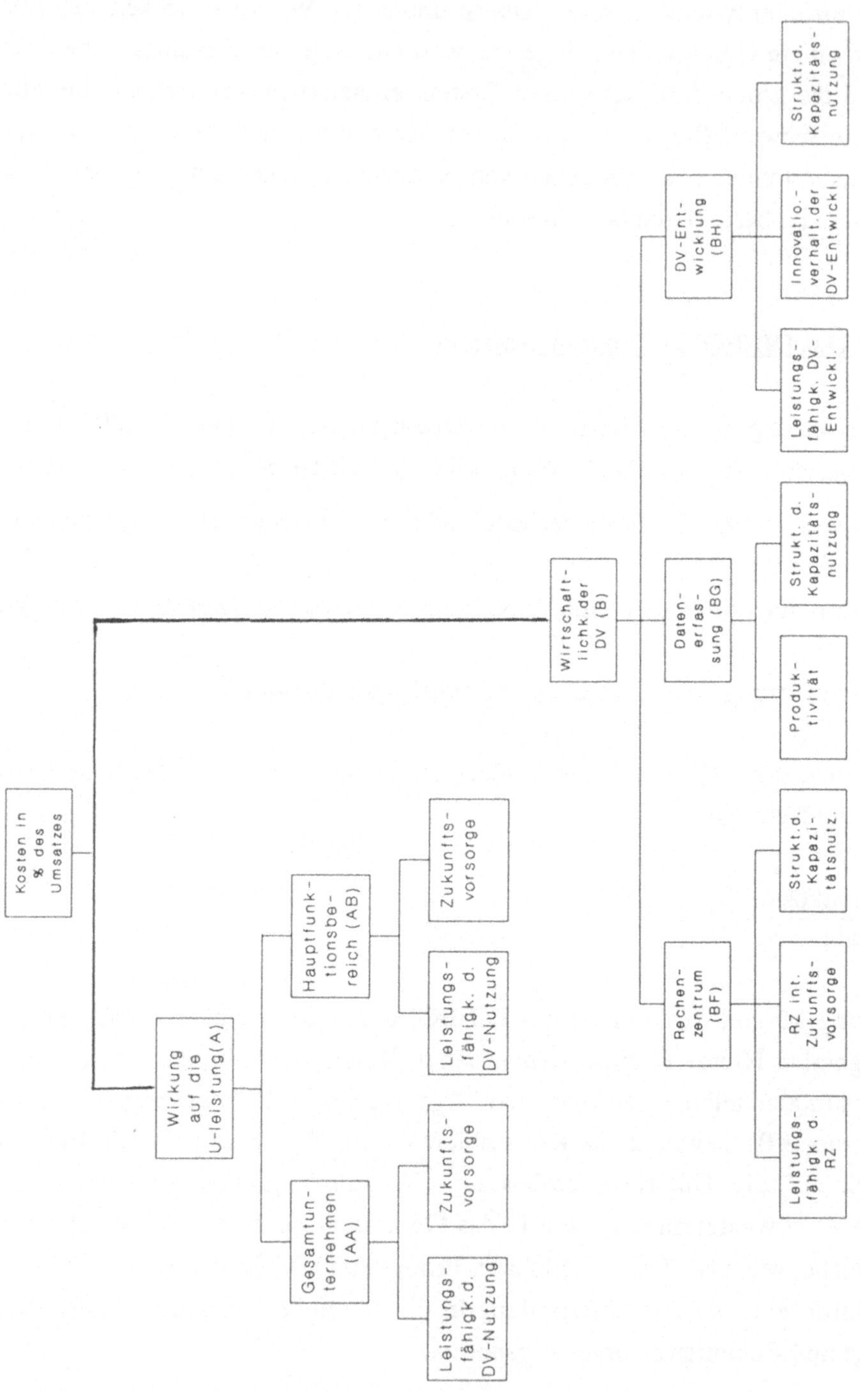

<u>Abb. 4.5</u>: DIEBOLD-Kennzahlensystem /vgl. DIE 80, S. 37/

(BF), für die Datenerfassung (BG) und für die DV-Entwicklung[11] (BH). Sie werden auf der dritten Hierarchiestufe nach den Kriterien

- Leistungsfähigkeit,
- Zukunftsvorsorge (bei der Datenerfassung unbedeutend) und
- Struktur der Kapazitätsausnutzung

aufgesplittet. Eine vollständige Auflistung der Berechnungsvorschriften für die Kennzahlen der Kennzahlengruppe B enthält Abbildung 4.6.

Zusammenfassend kann festgehalten werden:

Das DIEBOLD-Kennzahlensystem ist ein umfangreiches und detailliertes Instrumentarium, das vornehmlich versucht, die Wirkungen des DV-Einsatzes im Unternehmen anhand der Kosten aufzuzeigen. Es ist daher in erster Linie für die Analyse und Steuerung der Kosten geeignet, wobei es weniger Bezug auf die Qualität und den Nutzen der DV-Leistung nimmt /vgl. LIP 85, S. 116/. Desweiteren erschwert die Fülle der Kennzahlen die Identifizierung der wichtigsten Analyse- und Steuerungsgrößen. Unterschiedliche Bezeichnungen für die gleiche Kennzahl (z.B. DV-Betriebskosten zentrales Rechenzentrum = Betriebskosten Rechenzentrum) sowie teilweise unklare Verknüpfungen zwischen den verschiedenen Hierarchiestufen (z.B. bei der Kennzahl BHAC 02) erschweren das Verständnis.

Lfd. Nr.	KZ-Nr.	Berechnungsvorschrift		Vorgänger
Kennzahlen zur DV				
1		Gesamtkosten	/ Umsatz	#2+3
2	B01	Kosten Hauptfunktionsbereiche	/ Umsatz*100	#4+5
3	B02	zentrale Kosten	/ Umsatz*100	#6+7 +8
4	B03	sonstige Kosten	/ Umsatz	#-
5	B04	direkte Kosten	/ Umsatz	#-
6	B05	BEKO RZ	/ zentrale DV-Kosten*100	#9+10 u.(39)
7	B06	Datenerfassungskosten	/ zentrale DV-Kosten*100	#40/41
8	B07	Entwicklungskosten	/ zentrale DV-Kosten*100	#53+54

<u>Abb. 4.6a</u>: Kennzahlen des DIEBOLD-Kennzahlensystems /vgl. DIE 80, S. 68ff./

[11] insbesondere Anwendungsentwicklung und Ausbildung

Lfd. Nr.	KZ-Nr.	Berechnungsvorschrift		Vor-gänger
Kennzahlen Betriebskosten				
9	BF01	BEKO RZ lfd. Abwicklungen	/ BEKO RZ*100	#11/12 o.17/19 nur ein Rechner)
10	BF02	BEKO RZ Verfahrensverbesserungen	/ BEKO RZ*100	#31+32
11	BFAC01	BEKO RZ lfd. Abwicklungen	/ Anzahl RZ-Mitarbeiter	#13+14 +15+16
12	BFAC02	BEKO RZ	/ Anzahl RZ-Mitarbeiter	#-
13	BFAC03	Personalkosten / Anzahl RZ-Mitarbeiter		#-
14	BFAC04	Hardwarkosten / Anzahl RZ-Mitarbeiter		#-
15	BFAC05	Materialkosten	/ Anzahl RZ-Mitarbeiter	#-
16	BFAC06	sonstige Kosten	/ Anzahl RZ-Mitarbeiter	#-
17	BFAD01	BEKO RZ lfd. Abwicklungen	/ CPU-Stunden	#22/20
18	BFAD02	BEKO RZ lfd. Abwicklungen	/ CPU-Stunden bei Spitzenlast	#-
19	BFAD03	BEKO RZ	/ CPU-Stunden	#-
20	BFAD04	CPU-Stunden	/ Betriebsstunden (Ist)	#23/25 o.28/27 #26o.30
21	BFAD05	CPU-Stunden bei Spitzenlast	/ Betriebsstunden (Ist)	#-
22	BFAD06	BEKO RZ lfd. Abwicklungen	/ Betriebsstunden (Ist)	#-
23	BFAD07	CPU-Stunden	/ mögliche Betriebszeit (Schicht)	#-
24	BFAD08	CPU-Stunden bei Spitzenlast	/ mögliche Betriebszeit (Schicht)	#-
25	BFAD09	Betriebsstunden (Ist)	/ mögliche Betriebszeit (Schicht)	#-
26	BFAD10	CPU-Nutzung % nach Verarbeitungsarten:	Praxisarbeit Test RZ-intern Betriebssystem (Overhead)	#-
27	BFAD11	Programmlaufzeiten	/ CPU-Stunden	#29
28	BFAD12	Programmlaufzeiten	/ Betriebsstunden (Ist)	#29
29	BFAD13	Programmlaufzeiten	Anteile: Stapel, Dialog	#-
30	BFAD14	Arbeitszeiten (% der Schichtzeit)	- Betriebszeit - Ausfallzeit - Wartungszeit - freie Betriebszeit	#-
31	BFB01	BEKO Anpas. wegen HW u. SW	/ BEKO *100	#33/34
32	BFB02	BEKO für neue RZ-Verfahren	/ BEKO *100	#35/36 o.37/38
33	BFBF01	BEKO Anpas. wegen HW u. SW	/ HWKO *100	#-
34	BFBF02	BEKO	/ HWKO *100	#-
35	BFBG01	BEKO für neue RZ-Verfahren	/ HWKO *100	#-
36	BFBG02	BEKO	/ HWKO *100	#-
37	BFBG03	BEKO für neue RZ-Verfahren	/ Anzahl RZ-Mitarbeiter *100	#-
38	BFBG04	BEKO	/ Anzahl RZ-Mitarbeiter *100	#-
39	BFE01	Verarbeitungsarten Anteile in % an (Praxis, Test, Dialog ...)	-zentrale DV-Kosten -BEKO RZ	#-

Abb. 4.6b: Kennzahlen des DIEBOLD-Kennzahlensystems /vgl. DIE 80, S. 68ff./

Kennzahlen Datenerfassung

Lfd. Nr.	KZ-Nr.	Berechnungsvorschrift		Vorgänger
40	BGB01	BEKO zentrale DE	/ erfaßte Zeichen *100	#42+43 o.(51)
41	BGB02	zentrale DV-Kosten RZ	/ erfaßte Zeichen *100	#-
42	BGB03	BeleglesungsKO	/ erf. Zeichen (Belegleser) *100	#44/45
43	BGB04	DEKO für Eingabegeräte	/ erf. Zeichen (Eingabege.) *100	#46/47
44	BGB05	BeleglesungsKO	/ mögl. Nutzungszt. (Belegleser)	#(52)
45	BGB06	erfaßte Zeichen (Belegleser)	/ mögl. Nutzungszt. (Belegleser)	#-
46	BGB07	DEKO für Eingabegeräte	/ mögl. Nutzungszt. (Eingabeg.)	#52
47	BGB08	erfaßte Zeichen (Eingabeg.)	/ mögl. Nutzungszt. (Eingabeg.)	#48+49 +50
48	BGB09	Mehrplatz (erfaßte Zeichen)	/ mögliche Nutzungszeit	#-
49	BGB10	Einzelplatz (erfaßte Zeichen)	/ mögliche Nutzungszeit	#-
50	BGB11	Locher, Prüfer (erfaßte Zeichen)	/ mögliche Nutzungszeit	#-
51	BGB12	Zeichenerfassung (Anteile in %):	Belegleser Mehrplatz Einzelplatz Locher/Prüfer Sonstiges	#-
52	BGBD01	Nutzungszeiten % je Erfassungsart	Brutto-Soll	#-
		(siehe BGB12) Benutzungszeit		#-
		Ausfallstunden		#-
		Wartungsstunden		#-

Kennzahlen Entwicklung

Lfd. Nr.	KZ-Nr.	Berechnungsvorschrift		Vorgänger
53	BH01	Entwickl. KO lfd. Abwicklung	/ Entwickl. KO*100	#55/56
54	BH02	Entwickl. KO Verfahrensverb.	/ Entwickl. KO*100	#65/66
55	BHA01	Entwickl. KO lfd. Abwicklung	/ produktive Stunden	#57+58 +59
56	BHA02	Entwickl. KO	/ produktive Stunden	#-
57	BHAC01	Personalkosten / produktive Stunden		#-
58	BHAC02	RZKO f. Test..+HWKO Entwickl.	/ produktive Stunden	#60+61 o.(62)
59	BHAC03	sonst. Entwickl. KO lfd. Abwickl.	/ produktive Stunden	#-
60	BHAC04	RZKO Entwicklung	/ produktive Stunden	#-
61	BHAC05	HWKO Entwicklung	/ produktive Stunden	#-
62	BHAC06	HWKO Entwicklung	/ Mitarbeiteranzahl	#63*64
63	BHAC07	HWKO Entwicklung	/ Terminalanzahl	#-
64	BHAC08	Terminalanzahl	/ Mitarbeiteranzahl	#-
65	BHB01	Entwickl. KO Verfahrensverbes.	/ Mitarbeiteranzahl	#67+68 +69
66	BHB02	Entwickl. KO	/ Mitarbeiteranzahl	#-
67	BHB03	Ausbildungskosten	/ Mitarbeiteranzahl	#-
68	BHB04	KOSW-technol. Methoden u. Werkz.	/ Mitarbeiteranzahl	#-
69	BHB05	sonst. Entwickl.KO Verfahrensverb.	/ Mitarbeiteranzahl	#-

Abb. 4.6c: Kennzahlen des DIEBOLD-Kennzahlensystems /vgl. DIE 80, S. 68ff./

Es scheint zudem zweifelhaft, ob sich das Erfassen der vielen Kennzahlen mit einem vertretbaren Aufwand realisieren läßt. Das DIEBOLD-System ist nicht auf dem neuesten Stand der DV-Technik, da es auf die Stapelverarbeitung zugeschnitten ist und keine Kennzahlen zur Dialogverarbeitung enthält, die z.B. Auskunft über die durchschnittliche Antwortzeit geben. Auf der anderen Seite enthält das DIEBOLD-System überholte Kennzahlen wie z.B. erfaßte Zeichen/Nutzungszeit (für Locher), obwohl Locher in der Praxis kaum noch anzutreffen sind. Zudem stützt sich das System hauptsächlich auf Istdaten, so daß unerwartete Entwicklungen ohne das Hinzuziehen weiterer Informationen nicht erkennbar sind.

Solange das DIEBOLD-System nicht aktualisiert und dem heutigen Stand der Informationsverarbeitung angepaßt wird, ist es trotz aller Vorteile der grundsätzlichen Aspekte weitgehend nicht mehr verwendbar.

4.4 Das Kennzahlensystem von ZILAHI-SZABO

Zilahi-Szabó lehnt ein als reines Rechensystem konzipiertes Kennzahlensystem für die DV-Abteilung ab, da Rechensysteme auf eine Spitzenkennzahl fixiert seien und Beziehungen zwischen beteiligten Elementen unterstellten, die nur selten nochvollziehbar seien /vgl. ZIL 84a, S. 113/.

Das von ihm entwickelte Kennzahlensystem ist daher lediglich eine systematische Ordnung von Kennzahlen, in dem diese aus Gründen der Praktikabilität und der Übersichtlichkeit nach logischen Gesichtspunkten geordnet sind. Dazu wurde die in Abbildung 4.7 angeführte Aufteilung gewählt /vgl. ZIL 84b, S. 137/.

Zur Beurteilung des ersten Aspektes der Kapazitäten - ihre *Organisation* - nennt Zilahi-Szabó in Anlehnung an das bereits vorgestellte DIEBOLD-System beispielhaft mögliche Kennzahlen:

- zum Automatisierungsgrad:
  - Anzahl MA (=Mitarbeiter) in der Programmentwicklung / Anzahl MA im Programmeinsatz,
  - Kosten der Datenverarbeitung / Anzahl MA;

Bereiche:

Kapazitäten:
- Organisation,
- Leistungspotential,
- Produktivität;

Bewirtschaftung:
- Finanzbedarf,
- Finanzmittel,
- Investitionen,
- Cash Flow;

Ergebnis:
- Rentabilität,
- Wirtschaftlichkeit;

Quellen:
Daten des Job-Accounting,
Daten der Finanzbuchhaltung,
Daten der Finanz- und Betriebsbuchhaltung.

Abb. 4.7: Aufbau des Kennzahlensystems von Zilahi-Szabó /vgl. ZIL 84b, S. 137/

- zum Dezentralisierungsgrad und zum Grad der Arbeitsplatzorientierung:
  - Anzahl der Dialogstationen / Anzahl MA /S. 139/[12].

Als Kennzahlen zum *Leistungspotential* werden u.a. vorgeschlagen:
- Anzahl sowie Entwicklung der Arbeitsstunden, -tage und -monate der Systemanalyse, der Systemprogrammierung, der Arbeitsvor- und -nachbearbeitung, der Anwendungsbetreuung, des Operators und des Datentransfers,

[12] Die folgenden Seitenangaben beziehen sich auf /ZIL 84b/.

- Rechenkapazität und -potential in MIPS und Megabyte,
- Speicherkapazitäten in Megabyte, unterteilt nach den verschiedenen Arten der benutzten Speicher /S. 138/.

Der Bereich der *Produktivität* wird durch Kennzahlen zum Nutzungsgrad -vgl. DIEBOLD Kennzahlen- repräsentiert, wie z.B.:

- Verfügbarkeit:
  ((Sollstunden - Ausfallstunden) / Sollstunden) * 100;
- Servicegrad:
  (planmäßige Realisierungen / geplante Realisierungen) * 100;
- Auslastung:
  (Istleistung / Solleistung) * 100;
- Stapelbetriebsrate:
  (Programme im Stapelbetrieb / Gesamtläufe) * 100;
- Dialogbetriebsrate:
  (Programme im Dialogbetrieb / Gesamtläufe) * 100;
- Produktionszeit in Prozent;
- Testzeit in Prozent;
- Verweilzeit in Sekunden oder Minuten;
- Ausfallzeit in Stunden usw. /S. 139/.

In dem Bereich der *Bewirtschaftung* sind Kennzahlen zusammengefaßt, die finanzwirtschaftliche Indikatoren darstellen, welche die Stabilität und Liquidität anzeigen /S. 139/. Es geht im wesentlichen um die Fähigkeit des Unternehmens, sich aus eigener Kraft zu finanzieren und zu expandieren /S. 139/. Diese Fähigkeit soll durch die Kennzahl *Cash flow* nachgewiesen werden /S. 139/. Als Kennzahlen werden nun - bezogen auf die DV-Abteilung - vorgeschlagen /S. 140/:

- Cash flow,
- Innenfinanzierungsspielraum: Cash flow / Nettoinvestition,
- Verschuldungsfähigkeit: Cash flow / Nettoverschuldung,
- Payback-Periode: Investitionskosten / erwartete Mehreinnahmen,
- Verschuldungsgrad: Fremdkapital / Eigenkapital,
- Investitionsquote: Zugang Anlagevermögen / Anfangsbestand AV,

- Anlagendeckung: Eigenkapital / AV,
  EK + lgfr. FK / AV,
  EK + lgfr. FK / (AV+dauerndes UV),
- Anspannungsgrad: Fremdkapital / Gesamtkapital,
- Finanz- und Ertragskraft: Cash flow / Gesamtkapital,
  Cash flow / Umsatz.

Weitere Kennzahlen zur Bewirtschaftung sind:

- Innenfinanzierungsgrad,
- Anlagenintensität,
- Liquidität 1. Grades,
- erwirtschafteter Anteil am Finanzbedarf,
- Cash flow / Fremdkapital usw. /S. 139f./.

Kennzahlen des *Ergebnisbereiches* sollen die erbrachten Einnahmen (Umsätze), Erträge und Leistungen auf der einen und die getätigten Ausgaben, Aufwendungen und Kosten auf der anderen Seite in verdichteter Form als Kontrollgrößen ausweisen /S. 141/.

Als Beispiele werden genannt:

- Betriebsaufwand,
- Personalaufwand,
- Sachaufwand,
- Abschreibungen,
- Zinsen,
- Kostenarten-Kennzahlen: (betrachtete Kostenart / Gesamtkosten) * 100,
- Verhältnis zwischen Systementwicklungs-, Systembetriebs- und Systemwartungskosten,
- Stückpreise: Kosten eines Auftrags je Mengeneinheit (z.B. Buchungssatz, Druckseiten usw.),
- Kostensatz: Kostenbudget / Bezugsgröße,
- Beschäftigungsgrad: (Bezugsgröße / Soll) * 100,
- Rentabilität des Faktoreinsatzes,
- Wirtschaftlichkeit der getroffenen Maßnahmen,
- Eigenkapitalrentabilität: Erfolg * 100 / Eigenkapital,
- Kapitalrentabilität: (Erfolg+gezahl.Zinsen)*100 / Gesamtkap.,

- Umsatzrentabilität: Erfolg * 100 / Umsatz,
- Return on Investment(ROI):

$$\frac{\text{Erfolg} * 100}{\text{Umsatz}} * \frac{\text{Umsatz}}{\text{durchschn. investiertes Kapital}},$$

- Umsatzentwicklung,
- Umsatzgliederung,
- Aufteilung der Investitionen in Ersatzbeschaffung und Kapitalerweiterung (Nettoinvestitionen),
- Wirtschaftlichkeit: Leistungen / Kosten,
- Leistungsfähigkeit: Kosten / Umsatz,
- Gewinnschwelle,
- Auslastungsgrad des Produktionspotentials: tatsächliche Auslastung / mögliche Auslastung,
- Deckungsbeitrag,
- Zukunftsvorsorge: Wartungskosten / Umsatz, Entwicklungskosten / Umsatz,
- Wartungsanfälligkeit: Wartungskosten / Gesamtkosten, Wartungskosten / Anzahl Programmierer,
- Deckungsquote.

Zusammenfassend kann festgehalten werden:

Das von Zilahi-Szabó aufgestellte System setzt seinen Akzent auf die finanzwirtschaftliche Seite der DV. Es stellt somit eine Sammlung relevanter DV-Kennzahlen insbesondere für den finanzwirtschaftlichen Bereich der DV dar. Kennzahlen, die der DV zuzuordnen sind, wurden in Anlehnung an DIEBOLD genannt. Sie sind hier in die Bereiche *Organisation*, *Leistungsverfügbarkeit* (Rechnerausstattung) und *Produktivität* (Auslastung) unterteilt, wobei zu jedem Bereich einige Kennzahlenvorschläge angegeben sind.

Die sehr grobe Untergliederung des Schemas in drei Bereiche hat sicher dazu beigetragen, daß ein umfangreiches und wenig strukturiertes System entstanden ist. Logische Verbindungen der Kennzahlen untereinander können daher nicht aufgezeigt werden. Analysen über die Auswirkungen einer Kennzahlveränderung sind somit auch nicht möglich. Der Einsatz des Systems als ein wirkungsvolles Führungs- und Analyseinstrument muß damit in Frage gestellt werden.

4.5 Der Service Level Reporter

Der Service Level Reporter (SLR) stellt ein Berichtssystem dar, das Berichte

- zum Servicegrad,
- zur Verfügbarkeit,
- zur Leistung und zum Tuning[13],
- zur Kapazitätsauslastung und
- zur Durchführung

des Rechenzentrumsbetriebs auf Anfrage erstellt /vgl. IBM 83, S. 10ff./. Er dient als Beispiel für ein Berichtssystem. Mittlerweile existieren mehrere solcher Systeme, z.B. RAV von SIEMENS oder das SAS-System /vgl. SAS 86 u. SIE 82/.

Mit dem Service Level Reporter können im wesentlichen folgende Werte tabellarisch und graphisch dargestellt werden /vgl. IBM 83, S. 10-52/:

Servicegrad:

- TSO/CICS/IMS[14] Antwortzeiten in Sekunden je Stunde,
- TSO Benutzerstatistik (Antwortzeiten, Prozessorzeiten usw.) /vgl. Abb. 4.8 und 4.9/,
- Verarbeitungszeiten je Projekt,
- Zahl der TSO Benutzer je Stunde,
- Statistik der benutzten TSO Befehle,
- TSO/CPU Last pro Abteilung in Stunden;

Verfügbarkeit:
- Prozessorverfügbarkeit in Stunden pro Tag;

Leistung und Tuning:

- Kanalbelastung pro Stunde,
- Speicherbelastung pro Stunde,
- Prozessorbelastung pro Stunde,
- Netzwerkbelastung pro Stunde,

[13] Optimierung der Leistung einer DV-Konfiguration
[14] TSO: Time Sharing Option
IMS: Information Management System
CICS: Customer Information Control System

ABC COMPANY
DP DEPARTMENT
RESPONSE TIMES FOR ALL TRANSACTIONS DAILY REPORT

PAGE: 0001
DATE: 81 AUG 24
TIME: 14:35:37

TRANS	NTRANS	PRIM_TRANS	AVGRESP SEC	PTRANS_0_5 %
AB	12	12	2.14	83.33
TN	3	3	0.27	100.00
TNBU0011	38	38	0.67	97.37
TNBU0012	43	43	0.53	100.00
TNBU0013	9	9	0.69	100.00
TNBU0014	13	13	0.22	100.00
TNBU0015	19	19	0.17	100.00
TRAN0013	10126	10125	1.98	97.04
TRAN0015	397	172	13.50	93.70
TRAN0022	2926	2819	9.92	85.34

YEAR = 80
MONTH = DEC
DAY = 19

NTRANS	Anzahl aller Transaktionen
PRIM_TRANS	Anzahl der primären Transaktionen
AVGRESP	mittlere Antwortzeit der Transaktionen
PTRANS_0_5	Prozentsatz der Transaktionen im Bereich zwischen null und fünf Sekunden

Abb. 4.8: Auswertung der Transaktionen mit dem SLR /vgl. IBM 83, S. 13/

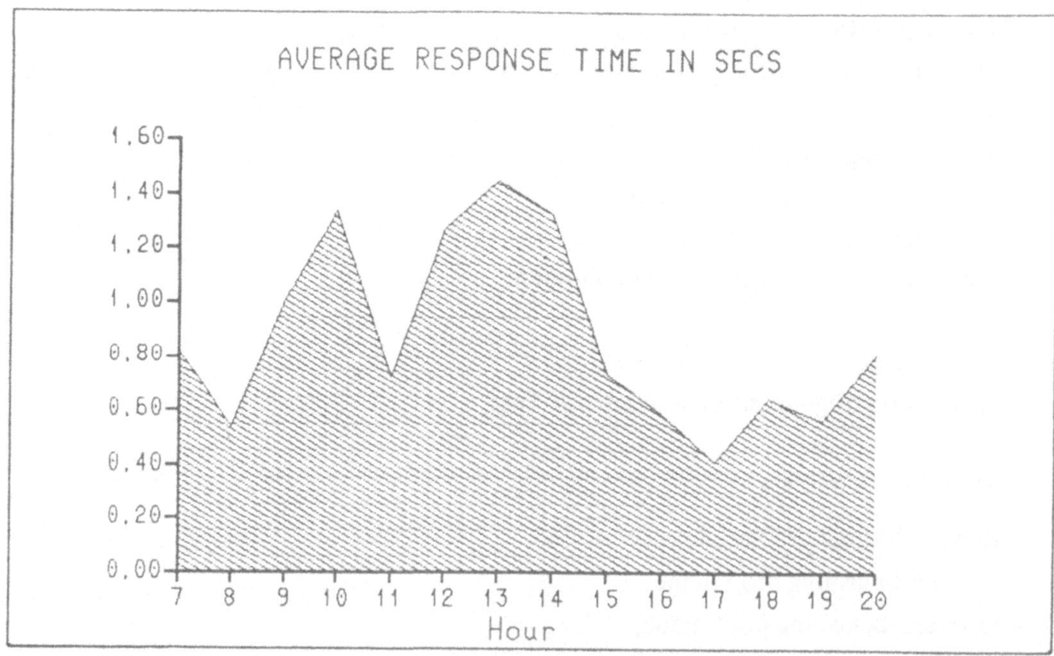

Abb. 4.9: Graphische Auswertung der mittleren Antwortzeit für Transaktionen mit dem SLR (AVGRESP) /IBM 83, S. 11/

- Anzahl Seitenwechsel pro Sekunde und Stunde,
- Einheitenberichte (Auslastung der Einheiten),
- Arbeitslaststatistik, z.B. Anteile von Batch, Online, TSO und sonstigen Anwendungen an der CPU und I/Os,
- Programmstatistiken (z.B. nach CPU-Verbrauch);

Kapazitätsauslastung:

- Prozessorbelastung pro Monat,
- Druckerstatistik (Lines, Pages und Stunden) pro Monat;

RZ-Produktion:

- Jobstatistik (Anzahl, Zahl der Abbrüche),
- Systemstatistik (Start, Restart),
- Montagestatistik (Bänder, Platten);

Netzwerk:

- Auslastung,
- Pufferbelastung,
- Leitungsbelastung;

Abrechnungsstatistiken:

- bewertete Inanspruchnahme von Leistungen wie CPUs, EXCPs[15], Montagen, Zeilen, Serviceeinheiten

Der SLR erlaubt in vielen Fällen die Kombination zweier Größen, so daß zumindest zwischen diesen beiden Größen Zusammenhänge, soweit sie existieren, deutlich gemacht werden können.

Kennzahlen zur Kosten-/Ertragsentwicklung, die für das DV-Controlling von großer Bedeutung sind, stellt der SLR nicht zur Verfügung.

Zusammenfassend kann festgehalten werden:

Der Service Level Reporter ist bezüglich des laufenden RZ-Betriebs ein umfassendes Berichtssystem. Insbesondere werden Angaben zur Verfügbarkeit und zum Antwort-

[15] EXCPs: Executed Channel Program

zeitverhalten des Rechners bereitgestellt, so daß es möglich ist, die DV-Ziele

- hohe Verfügbarkeit und
- akzeptables Antwortzeitverhalten

jederzeit zu kontrollieren und ggf. steuernd einzugreifen.

Obwohl die Kosten und Erträge des DV-Einsatzes eine wesentliche Entscheidungsgrundlage vor allem bei Neu- und Ersatzbeschaffungen sind, werden vom SLR hierzu keine Informationen angeboten. Die fehlende Verbindung der Kennzahlen erschwert eine effektive Analyse, da keinerlei Ursache-Wirkungszusammenhänge aufgezeigt werden können. Das System zeigt Entwicklungen verschiedenster Art an, kann aber aufgrund der fehlenden Struktur zur Auswahl von Gegenmaßnahmen kaum Unterstützung bieten.

4.6 Schlußfolgerung und Ausblick

Bei der Anwendung eines Kennzahlensystems muß sich der Benutzer die Bedeutung einzelner Kennzahlen für die Beurteilung der Wirtschaftlichkeit des DV-Einsatzes im Unternehmen bewußt machen. Er muß sich zudem über die Grenzen des Einsatzes von Kennzahlensystemen zu Analysezwecken im klaren sein /vgl. hierzu Abschnitt 2.2.4/. Die Auseinandersetzung mit den bestehenden Berichts- und Kennzahlensystemen ließ die wesentlichen Aspekte, die bei der Entwicklung eines DV gestützten Controllinginstrumentes für die DV-Abteilung zu berücksichtigen sind, deutlich werden:

- die vom System zur Verfügung gestellten Informationen sollen systematisch aufbereitet werden;
- Kennzahlensysteme sind in ein Berichtssystem einzubetten, da sie allein für das heutige DV-Controlling nur ungenügende Informationen zur Verfügung stellen;
- eine Quantifizierung des DV-Nutzens ist äußert problematisch - es ist daher im Einzelfall zu prüfen, ob Nutzen-Kennzahlen Bestandteil des Systems sein sollen;
- es ist zu prüfen, welche Aufgaben der DV-Analyse von einem Rechner übernommen werden können;
- das Festhalten von Ist-Werten einer Periode ist unzureichend, vielmehr sind Perioden- und Plan-/Ist-Vergleiche erforderlich;

- ein DV-Analysesystem muß die Veränderungen ermitteln und, wenn möglich, automatisch beurteilen;
- eine graphische Aufbereitung der Ergebnisse ist vorteilhaft, da sie die Entwicklungen sehr deutlich darstellt;
- ein DV-Kennzahlensystem muß aufgrund der ständigen Neuerungen im DV-Bereich flexibel sein, d.h. es müssen 'neue' Kennzahlen in das System aufgenommen und 'veraltete' Kennzahlen entfernt werden können.

Unter Beachtung der aufgeführten Gesichtspunkte ließ sich ein Kennzahlensystem für die DV-Abteilung des Medienkonzerns aufstellen. Im Anschluß daran wurde ein Programmsystem entwickelt, das den obigen Anforderungen gerecht wird. Da das für die Untersuchung notwendige Zahlenmaterial von dem Medienkonzern dankenswerterweise bereitgestellt wurde, ist die Software als Prototypversion in dem Konzern einsetzbar.

Die Beschreibung des Systementwicklungsprozesses erfolgt in den Schritten Projektbegründung, Ist-Analyse, Rahmenvorschlag und Programmaufbau. Das eigentliche Analyseprogramm wurde in einer nicht-prozeduralen Sprache erstellt. Daher erscheint es sinnvoll, die Ausführungen zum Programmaufbau in die beiden Teile *Programmbeschreibung zur Kennzahlenbestimmung* und *Programmaufbau zur Kennzahlenanalyse* aufzuteilen. Die anschließenden Kapitel beinhalten außerdem eine Auseinandersetzung mit dem Themengebiet Expertensysteme, da das in dieser Arbcit entwickelte Programm zur Kennzahlenanalyse ein Expertensystem darstellt.

5 Der Entwurf eines Kennzahlensystems für die DV-Abteilung eines Medienkonzerns

5.1 Projektbegründung

Durch den verstärkten Einsatz der Datenverarbeitung sehen sich die DV-Führungskräfte des Medienkonzerns einem kaum noch zu überschauenden Informationsvolumen gegenüber. Sie suchen daher ein Instrument, das sie in die Lage versetzt, unter Berücksichtigung aller vorhandenen Informationen die gesamtbetrieblichen Abläufe optimal zu steuern und das die Chancen nutzt, die die DV zur Unterstützung der Managementaufgaben bietet.

Die bisherige Analyse stützt sich im wesentlichen auf Ist-Werte bzw. auf einen Plan/Ist-Vergleich für das jeweils laufende Geschäftsjahr, der nur in Listenform zur Verfügung steht. Die Werte entstammen fast ausschließlich der innerbetrieblichen Kostenrechnung. Weitergehende Analysen sind daher nur durch zeitaufwendige Nachforschungen in anderen Berichten möglich. Außerdem sind nur einige Experten im DV-Controlling in der Lage, die Analysen durchzuführen.

Gewünscht wurde deshalb ein System, das

- einfach zu bedienen ist,
- schnelle und flexible Analysen (z.B. what ... if) ermöglicht,
- die graphische Aufbereitung der Ergebnisse unterstützt,
- verbales Wissen verarbeiten kann,
- die Ergebnisse leicht verständlich darstellen kann,
- sowohl einen Zeit-Vergleich als auch einen Plan/Ist-Vergleich erlaubt.

Zur Lösung des Problems bietet sich die Informationsverdichtung in Form von Kennzahlensystemen an, da solche Systeme leicht verständlich sind und dem Anwender ein breites Abfragespektrum ermöglichen; so können neben den verdichteten gesamtbetrieblichen Werten (Spitzenkennzahlen) auch alle anderen Werte abgefragt werden. Besonders hilfreich ist ein Kennzahlensystem, wenn es von der DV unterstützt wird. Die Ergebnisse können dann sehr schnell abgerufen und graphisch dargestellt werden. Außerdem lassen sich Simulationen in der Form von "What ... if"- Analysen leicht durchführen.

Ein ganz anders geartetes, grundsätzliches Problem stellt sich bei der Auswahl der Kennzahlen. Vorab muß zumindest tendenzmäßig geklärt werden, welchen primären Zweck das Kennzahlensystem erfüllen soll. Ist es für die Projektkontrolle vorgesehen, so müssen die aufzustellenden Kennzahlen projektbezogen sein. Dient das Kennzahlensystem dagegen vornehmlich dem Zeit- bzw. Betriebs-Vergleich, so sind die projektbezogenen Kennzahlen kaum verwendbar. Sie sind für solche Zwecke zu stark betriebs- und projektbezogen und damit i.d.R. auch nicht für mehrere Betriebe bzw. für einen längeren Zeitraum von Interesse. Außerdem ist hier nicht das vordringliche Anliegen, feststellen zu können, welche Projekte von großem Erfolg für den Betrieb waren. Es interessiert vielmehr, ob die DV-Abteilung als Ganzes für das Unternehmen erfolgreich tätig war. Ziel der Untersuchung war das Entwerfen eines möglichst allgemeingültigen Kennzahlensystems, das nur auf der untersten Ebene den Besonderheiten des Unternehmens gerecht wird und einen Zeit- und Betriebs-Vergleich erlaubt. Projektbezogene Kennzahlen wurden daher nicht in die Betrachtung einbezogen.

Die Ausgangsbasis bildeten die bereits vorgestellten Systeme, die in der existierenden Form aufgrund der bereits genannten Kritik /vgl. Kapitel 4/ für das DV-Controlling aber nur bedingt geeignet sind.

5.2 Ist-Analyse

Die DV-Abteilung ist ein *Cost Center*, das primär die regionale Versorgung der Konzernfirmen mit DV-Leistungen durchführt.

Zur Kurzbeschreibung der DV-Abteilung seien einige Informationen vorab gegeben:

- ca. 200 Mitarbeiter,
- über 400 Mio.Umsatz jährlich,
- ca. 900 Terminals mit über 100 Leitungen,
- Abwicklung von ca. 80 000 Jobs im Monat,
- Druckausgabe ca. 6 - 9 Mio. Blatt Papier im Monat,
- ca. 40 000 Bandmounts im Monat /vgl. SOM 84, S. 97 u. S. 104 und BAE 87, S. 40/.

Außerdem wird eine Verfügbarkeit des Rechners von mehr als 98 % im Dialogbetrieb gefordert /vgl. SOM 84, S. 97/.

Die Konzernfirmen werden mit den Kosten für die in Anspruch genommenen Leistungen monatlich belastet. Die Preise werden einmal jährlich so festgesetzt, daß sich ein Betriebsergebnis von 5 - 10 % erzielen läßt /DÜP 1983, S. 4/.

Das *Cost Center* ist in folgende fünf Abteilungen unterteilt:

- VEA Verlagsgemeinschaft Anwendungsprogrammierung,
- VEB Verlagsgemeinschaft Betriebswirtschaft,
- VER Verlagsgemeinschaft Rechenzentrum,
- VES Verlagsgemeinschaft Systemprogrammierung,
- VEAS Verlagsgemeinschaft Anwendungsprogrammierung Systemgruppe.

Eine detaillierte funktionale Gliederung des Cost Centers gibt Abb. 5.1 wieder.

Die DV stellt den Konzernfirmen folgende Leistungen zur Verfügung:

- Rechnerleistung (Batch, Dialog),
- Datenspeicherung,
- TP - Hardware,
- Druck, Mikrofilme (COM),
- Datenerfassung,
- HW - Betreuung,
- Anwendungsprogrammierung,
- Beratung in Enduser-Werkzeugen (z.B. APL, Natural).

Die Hardware besteht aus (Stand Oktober 1985):

- 3 Großrechnersystemen,
- Bandeinheiten,
- Platteneinheiten,
- COM-Verfilmungsanlagen, Beleglesern,
- Offline Laserdruck-Stationen, Kettendruckern,
- verschiedenen Vorrechnern,
- ca. 600 Bildschirmen mit weiteren Druckern.

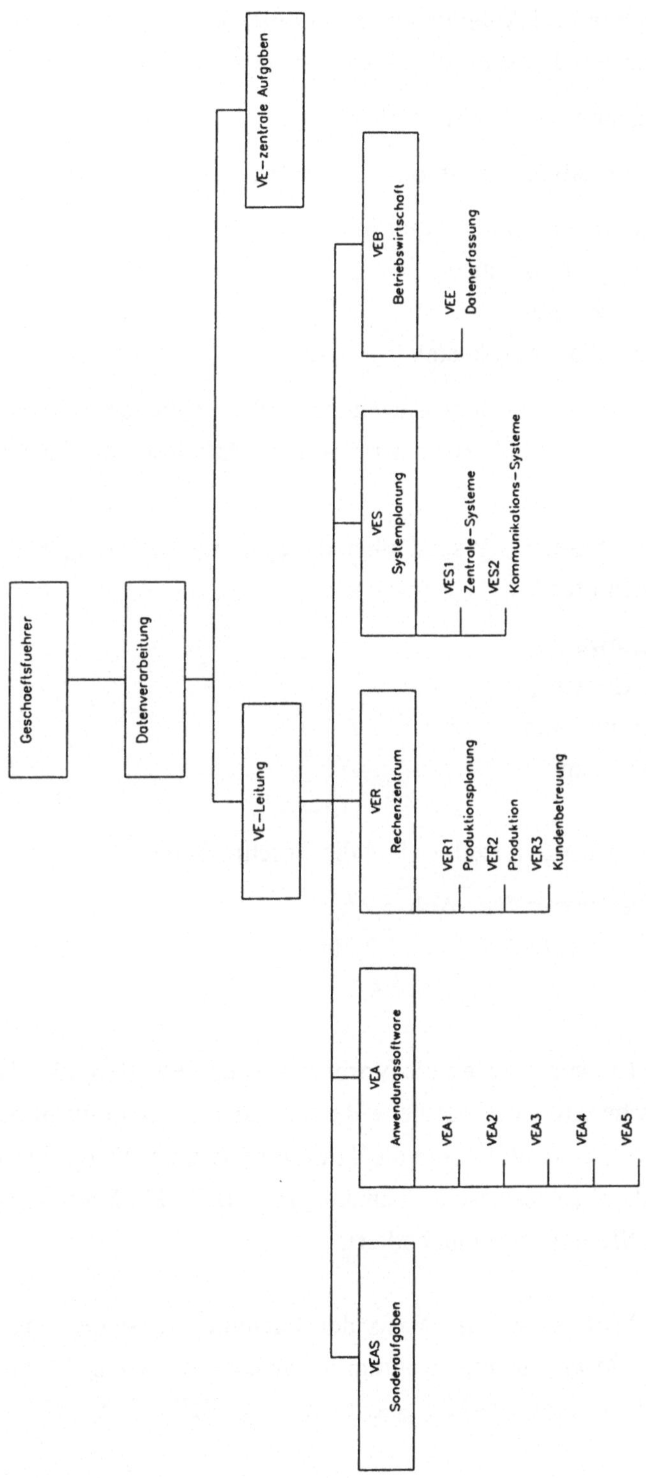

Abb. 5.1: Organigramm der DV-Abteilung

VEA gliedert sich in fünf Abteilungen, die jeweils bestimmten Anwendern zugeordnet sind. Der Verfahrensablauf für die Projektabwicklung wird im Anschluß beschrieben:

1) Der Auftraggeber erstellt ein Pflichtenheft.

2) Der Teamleiter kalkuliert aufgrund seiner Erfahrung

   - die Programmentwicklungsdauer in Manntagen,
   - die Testdauer in Manntagen,
   - die Projektdauer und
   - die laufenden Hardwarekosten.

3) In Zusammenarbeit mit dem Anwender wird anschließend ein weiteres Pflichtenheft erstellt, in dem festgelegt wird, welche Arbeiten im einzelnen auszuführen sind.

4) In der vierten Phase erfolgt schließlich die Systementwicklung. Sie vollzieht sich in den vier Abschnitten:

   - fachlicher Entwurf,
   - technischer Entwurf,
   - Programmierung und
   - Test und Wartung.

Der fachliche Entwurf unterteilt sich in die Beschreibung

- der Fachinhaltsstruktur /vgl. Abb. 5.2/,
- der Funktionselemente /vgl. Abb. 5.3/ und
- der wichtigen Testfälle /vgl. Abb. 5.4/.

Im technischen Entwurf werden die Vorbereitungen getroffen, die als Voraussetzung für eine technische und wirtschaftliche Realisierung des Systems notwendig sind. Das Ergebnis ist ein Dokument, in dem die Transaktionen, das Daten-Design, die Moduln und ihre Schnittstellen festgeschrieben sind /vgl. BEN 83, S. 49/. Der Entwurf wird als ein COBOL-Steuerprogramm codiert.

Im nächsten Schritt ist auf der Basis der Fachinhaltsbeschreibung und des Systementwurfs jedes Modul in ein Programm umzusetzen, wobei besonderer Wert auf eine strukturierte Vorgehensweise gelegt wird /vgl. BEN 83, S. 102/.

Beispiel

Darstellungsform:
in dekadischer Notation entsprechend eines Inhaltsverzeichnisses

1.	Rechnungswesen
1.1	Buchhaltung
1.2	Lohn und Gehalt
1.3	Kostenrechnung
1.1.1	Kreditoren
1.1.2	Debitoren
1.1.3	Sachkonten
1.2.1	Lohn
1.2.2	Gehalt
1.2.3	Lohn-Statistik
1.3.1	Kostenarten-Rechnung
1.3.2	Kostenstellen-Rechnung
.	.
.	.
1.1.1.1	– – – – –
.	.
.	.
1.1.2.1	Buchung
1.1.2.2	Mahnwesen
1.1.2.3	Debitoren-Statistik
1.1.3.1	Firmen A, VE, Z

Darstellungsform:
Graphisch analog einer Aufbauorganisation (Baumstruktur)

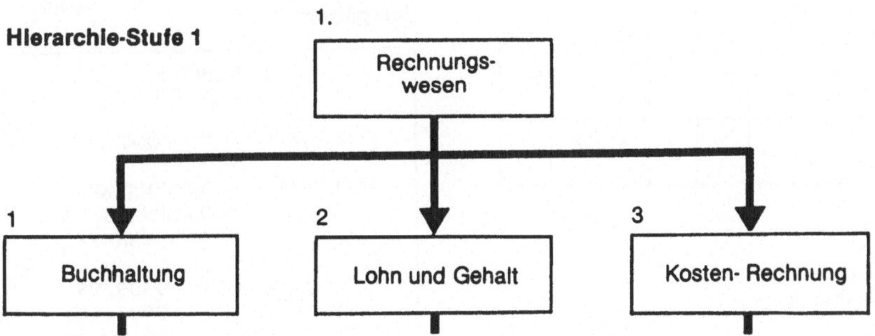

Abb. 5.2: Darstellung der Fachinhaltsstruktur /BEN 83, S. 26/

Ziel Auswahl und Erstellung der 1. Mahnung

Ausgangspunkt

Datenquelle: Masch. gespeicherter Kontenstamm (Debitorenkonto)

Datenfelder:

```
KTO-NR              : NUM(8), MODULO13, F09
NAME                : ALPHANUM(25), F10
ANSCHRIFT           : ALPHANUM(20), F11
KTO-STAND           : NUM(6,2), >=0, F12
MAHNKENNZIFFER      : NUM(1), >=0, <=3, F13
KREDITLIMIT         : NUM(3,0), >=0, <=100, F14
FAELLIGKEIT
   TAG              : NUM(2), >=1, <=31, F16
   MONAT            : NUM(2), >=1<=12, F17
   JAHR             : NUM(2), >=80, F18
```

Verarbeitung

ETX	1. MAHNUNG	R01	R02	R03	R04	R05
B1	KREDIT-LIMIT UM MIN. 100 DM UEBERZOGEN	J	J	J	J	N
B2	FAELLIGKEITSTERMIN UM 1 MONAT UEBERSCHRITTEN	J	J	J	N	-
B3	KUNDE BESITZT SONDERSTATUS	J	N	N	-	-
B4	MAHNKENNZIFFER 0	-	J	N	-	-
A1	MAHNKENNZIFFER AUF NULL SETZEN					X
A2	MAHNKENNZIFER ERHOEHEN		X			
A3	VORLAGE AN ABTEILUNGS-LEITER	X		X		
A4	1. MAHNUNG		X			
A5	VORLAGE 2. MAHNUNG			X		
A6	EINTRAG IN LISTE KREDITUEBERZIEHUNG	X	X	X	X	

Ergebnis

Datenträger: Mahnformular 1. Mahnung

Datenfelder:

```
NAME          MAHNKENNZIFFER
ANSCHRIFT     KREDITLIMIT
KTO-STAND     FAELLIGKEIT
```

Ausgabemedium:

```
                 1. MAHNUNG

NAME: XXXXXXXXXXXXXXXXXX

ANSCHRIFT: XXXXXXXXXXXX
           XXXXXXXXXXXX
           XXXXXXXXXXXX

IHR KONTOSTAND:   9999,99
OFFENER POSTEN:   9999,99
FAELLIGKEIT:      99.99.99

MIT FREUNDLICHEM GRUSS
```

Abb. 5.3: Beschreibung des Funktionselementes '1. Mahnung' (1.1.2.2.2.1) /BEN 83, S. 31ff./

--- TESTFAELLE ---

DATENFELDER	D01	D02	D03	D04	
KONTO-NR	1210	1221	1210	1-5-3	...
ZAHLG-BETRAG	1739,53	B123	0,137	Y	... USW.
RECHNUNGS-NR	3912X	K260	-15,4	-5A	...
DATUM-TAG	12	77	23	Y	...
DATUM-MONAT	11	00	11	X2	...
DATUM-JAHR	81	45	83	F3	...
	R I C H T I G	FEHLER F14 F15 F16 F17 F18	FEHLER F14 F15	FEHLER F13 F14 F15 F16 F17 F18	

<u>Abb. 5.4</u>: Darstellung der Datentestfälle /BEN 83, S. 40/

Im Teststadium wird versucht, möglichst viele Fehler des Programms aufzudecken, um diese noch vor dem ersten praktischen Einsatz beseitigen zu können. Damit der Test organisatorisch und wirtschaftlich sinnvoll durchgeführt werden kann, ist ein Plan zu erstellen, der Auskunft über den Tester sowie den Verlauf, das Ziel und die Daten des Testes gibt /vgl. BEN 83, S. 165/.

Die einzelnen Phasen der Systementwicklung laufen nacheinander ab, mit der nächsten Phase darf daher erst begonnen werden, wenn die vorherige abgeschlossen ist /vgl. BEN 83, S. 47/. Ab 1979 wurde zudem zur SW-Entwicklung das Werkzeug MAESTRO von Softlab/Philips schrittweise eingeführt /vgl. BAE 87, S. 40/.

Parallel zur Realisierung des Auftrags werden Kontroll-Meetings abgehalten, in denen Schwierigkeiten, vor allem terminlicher Art, besprochen werden.

Die Abrechnung der erstellten Leistungen ist Bestandteil des Abrechnungssystems von VEB. Dazu erfassen die Mitarbeiter von VEA den Zeitaufwand ihrer Aufträge am Bildschirm, wobei sie die Auftragsdaten immer mit einer Auftragsnummer versehen müssen, die folgenden Aufbau hat:

1-2 Geschäftsbereich
3-5 Sachgebiet
6-8 Programmwunsch
9-10 Unterauftrag
11 Aktivität.

VER ist z.Z. in die folgenden drei Abteilungen aufgeteilt:

- Produktionsplanung,
- Produkte,
- Betreuung der Nutzer und Produktionskontrolle.

Die Produktion erfolgt im Drei-Schichtbetrieb (7-15, 15-23 und 23-7), wobei die letzte Schicht jeweils Samstag um 15.00 Uhr endet. Neben den drei Schichten gibt es eine Tagesschicht (8-17), in der zusätzliche Mitarbeiter tätig sind. Die Arbeit im Rechenzentrum wird organisatorisch weiter unterteilt in

- DRUCKPOOL,
- TEST und
- MASCHINENSAAL mit der Dialogkoordination.

Die Abteilung VER erstellt fortlaufend einen Bericht (VER-Bericht) über die regelmäßige Auslastung der Maschinen und die Geräteausstattung des Rechenzentrums.

Die Aufgaben der Abteilung **VES** variieren u.a. aufgrund der technischen Entwicklung im DV-Bereich sehr stark. Neben der Systemplanung übernimmt sie verschiedene Projekte wie z.B. die Einbindung externer Datenbanken in das Btx-Netz.

VEB besorgt das Job-Accounting und das interne Konzernrechnungswesen. Die Aufgabe des Accounting besteht darin, die Kosten für die Inanspruchnahme des DV-Systems (einschließlich des gesamten System-Overheads) an die Benutzer weiterzubelasten /STA 81, S. 74/. Die Belastungen werden zum Großteil automatisch erfaßt, und zwar mit dem Softwaremonitor SMF (*Service Management Facilities*) in Verbindung mit anderen selbsterstellten Programmen und der Software RMF (*Ressource Measurement Facilities*). Während SMF für jeden Job die Inanspruchnahme der Zentraleinheit ermittelt, sammelt RMF nach einem Stichprobenverfahren Daten über die Belastung verschiedener Systemkomponenten. Die RMF-Daten werden nach einem bestimmten Intervall (Standardwert 30 Minuten) in Form von SMF-Daten festgehalten /vgl. TEU 79, S. 63f./. Darauf aufbauend lassen sich Monatsberichte erzeugen /vgl. TEU 79, S. 66/.

Die vom RZ entwickelten Auswertungsprogramme geben Auskunft über die Auslastung/den Stand

- der Druckstation (Druck-AV Dialog),
- der Datenerfassung (MDS-System),
- der Hardware,
- des Archivs,
- der Programmentwicklung,
- der Projekte.

Die anfallenden Daten werden bis auf die SMF-Daten monatlich erfaßt. Insgesamt fallen täglich ca. 20.000 Leistungssätze durch das SMF an, aus denen monatlich ca. 2.000 Auftragsabrechnungen (Fakturen) erzeugt werden /DÜP 83, S. 6/. Die erfaßten Leistungen werden der Leistungsübernahme zugeführt, um Stammauftragsdaten erweitert und in den Leistungsbestand aufgenommen, der ggf. im Dialog korrigiert wird. Anschließend gelangen die Daten in die Faktura - am 2. Arbeitstag im Monat -, werden dort nach Auftragsnummern sortiert und dann der Kostenrechnung übergeben. Einen zusammenfassenden Überblick gibt Abbildung 5.5. Abgerechnet werden mit dem System ca. 38 Mio.DM jährlich. Die Betriebskosten des Systems liegen bei 500 TDM. Der Aufbau einer Rechnung wird aus der Abbildung 5.6 ersichtlich.

VEB arbeitet z.Z. für das interne Rechnungswesen mit mehreren Berichten, die entweder pro Monat oder pro Geschäftsjahr erstellt werden (Juli-Juni):

- der Ergebnisrechnung (kurzfristige Erfolgsrechnung),
- der Kostenrechnung (Kostenstellenrechnung mit flexibler Anpassung der Plan-Werte an die Beschäftigung),
- der Erlösrechnung,
- der Leistungsmengenrechnung (monatliche Mengenplanung für alle Kostenstellen).

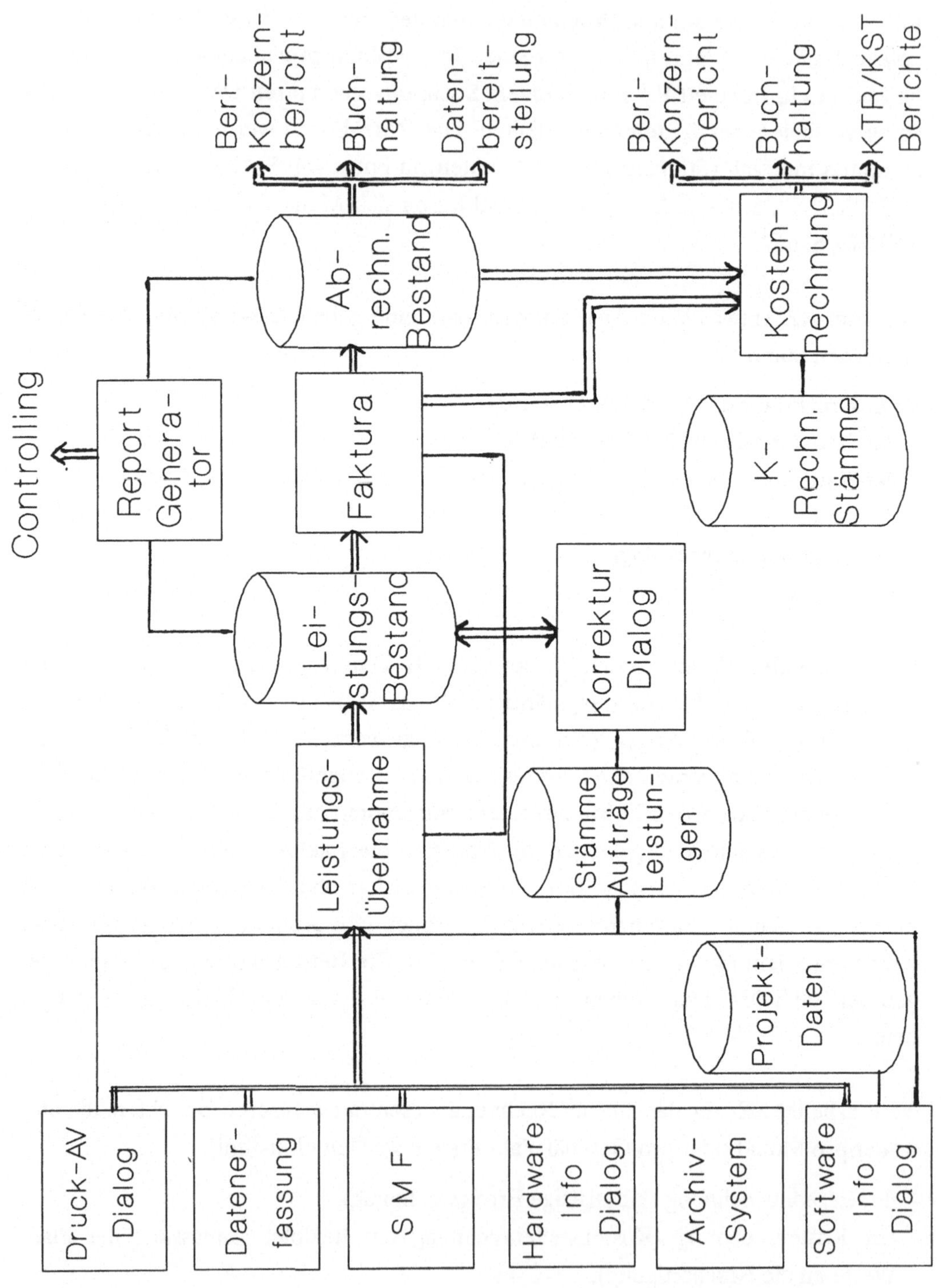

Abb. 5.5: **Aufbau des Systems zur Erfassung, Verrechnung und zum Controlling von DV-Leistungen /DÜP 83, S. 21/**

Konzern-Rechnung	EA	Buchungs-Datum Jahr	Monat	NM	fällig am Tag	Monat	Jahr	Buchg.-Kreis	Art	Beleg-Nr.
	4	88	01	0	31	01	88	09		
	1	2-6			7-12			13-14	15-16	17-21

Empfänger:

Konzernfirma: 002

Kostenstelle: 757

Abrechnung: ZI Monat: JANUAR 88 Seite: 1

Bereich: 63 Sachgebiet: 265 Auftrag: 000

Text: KLB-BATCH 2 1359

Menge	Grundpreis	Mengen-Einheit	Leistungsart	Datum Stream Job	DM
54,176	3,80	STK	CPU-UNITS		205,86
125,346	1,65	STK	CPU-UNITS		206,82
19	0,00	STK	ANZAHL TRANSAKTIONEN		0,00
107,047	0,35	TSD	I/O-UNITS PLATTE		37,46
592,919	0,00	TSD	I/O-UNITS PLATTE		0,00
57,991	1,10	TSD	I/O-UNITS BAND		63,79
5,198	1,10	TSD	I/O-UNITS BAND		5,71
19	1,80	STK	BAND-MONTAGEN		34,20
7	1,80	STK	BAND-MONTAGEN		12,60
247	1,20	STK	JOBS		296,40
129	1,20	STK	JOBS		154,80
0,096	8,70	TSD	TAB-PAPIER 8" RE-RO		0,83
32	2,40	STK	MAGNETBAND-VERWALTUNG		76,80
0,096	39,00	TSD	LASERDRUCK 8" ROLLE		3,74
148,999	0,00	TSD	MEMORY-SERVICE-UNITS		0,00
				SUMME:	1.099,01

Aussteller: 31.01.88 Empfänger: SCHEELE,MO

Soll Fa.	Konto	Kst.	UK	Land-Nr.	Träger	Unterkonto	Haben Fa.	Konto	Kst.	UK	Land-Nr.	Träger	Unterkonto	Betrag DM	Pf.	Skto-Satz	KK	Geg. BK
22-24	25-29	30-32	33	34-36	37-41	42-46	47-49	50-54	55-57	58	59-61	62-66	67-71	72-81		82-83	84	85-86
002	49221	757					997	89221	030					00 001 099	01			

	Kontiert	Erfaßt	Geprüft

Abb. 5.6: Muster einer Konzern-Rechnung /DAI 88/

Die kurzfristige Erfolgsrechnung wird monatlich fortgeschrieben und für jede einzelne Kostenstelle durchgeführt. Die Personalkosten, die Maschinenkosten, die kalkulatorischen Zinsen, die Raum/Inventarkosten, die allgemeinen Geschäftskosten und die Kosten für fremde Dienstleistungen werden bestimmt und festgehalten. Durch die Einbeziehung externer (konzernbezogener) Umlagen bezüglich in Anspruch genommener Konzernleistungen (z.B. Kosten für die Personalabrechnung und für soziale Dienste) ergeben sich die Stellenkosten. Die Gesamtkosten werden berechnet, indem die Stellenkosten um bisher nicht berücksichtigte unternehmensinterne Umlagen bereinigt werden (z.B. Gebäudeversicherung, Haustechnik).

Die Kostenstellenstruktur weicht von der Organisationsstruktur ab. Das ist im wesentlichen durch den technischen Fortschritt bedingt, der die Einrichtung neuer Aufgabengebiete erfordert. Daher wechseln des öfteren die Kostenstellen. Da die Änderungen auch kurzfristig erfolgen, ist eine Anpassung an die Organisationsstruktur in der Regel nicht sofort möglich.

Eine Übersicht der derzeit bestehenden Kostenstellen gibt Abbildung 5.7 (Stand Mai 1987). Aufgrund der laufenden Veränderungen der Kostenstellenstruktur sind die Numerierung und die Kostenstellenhierarchie nicht deckungsgleich.

Daneben existiert für die Konzernleitung ein standardisierter Bericht, der zur Abrechnung an die Hauptverwaltung weitergeleitet wird. Ihm sind einige Kennziffern beigegeben, die der Konzernleitung einen Einblick in den Stand der DV geben sollen.

Für die Konzernleitung werden die Werte der folgenden drei Kennziffern für jedes Geschäftsjahr bestimmt und graphisch veranschaulicht.

$$\frac{\text{Kosten VEA}}{\text{LOC (pro Monat)}^{16}}$$

$$\frac{\text{Kosten RZ}}{\text{CPU-Units}^{17}}$$

$$\frac{\text{Kosten Kommunikation}}{\text{Terminals}}$$

[16] LOC für Neuentwicklungen

[17] 1 CPU-Unit entspricht der Belegung einer CPU mit 1 MIPS für eine Minute

3100 VE-Gesamt
3101 VE-Leitung + VEB
1001 VE-Leitung/Sekretariat
1002 VEB
1003 Sicherheit
1004 Hilfsstelle Gebäude
1005 Datenerfassung
1010 VES 1
1015 BAG-SE (Verwaltung)
1016 Btx
1018 DB-Schnittstelle (Verwaltung)
1019 BERI/IPAC (Verwaltung)
3002 VEA-Gesamt
3006 VEA ohne VEA-5
1021 VEA-1
1022 VEA-2
1023 VEA-3
1024 VEA-4
1025 VEA-Leitung/Sekretariat
1026 VEA-5 Büro-Automation (incl. Mikrocomputer)
1027 VEAS
1030 VE-Erlöse
3010 VER-Gesamt
1031 VER-Leitung/Sekretariat
1039 Sondergeschäft VER-3
3003 Produktionsplanung
1034 Systembetreuung
1035 Technik/Dokumentation
3004 Produktion
3011 RZ-Produktion
1037 Datenarchiv
1038 Transport/Material
1040 Dialog-Koordination
1041 Produktionsbetrieb
1042 Test-Betrieb
1046 Kanalgruppen
1047 Band-Operating
1048 Platten-Pool
3012 RZ-Output
1043 Laser-Druck-Pool
1044 COM-Verfilmung
1045 Druck-Konventionell
3005 Kundenbetreuung
1036 Jobplanung/Ablaufsteuerung
1051 List-Verteilung
1052 Kunden-Betreuung
1059 Kommunikationskosten (seit 86/87 bei VER)
1028 Alt VEA-5
1054 EBG-Integr.
1055 Forschung und Entwicklung
1056 HW-Clearing-Stelle
1057 Dezentrale-Rechner

Abb. 5.7: Übersicht der Kostenstellen (5/87)

Die Aufgaben des DV-Controllings werden hauptsächlich von der Abteilung Betriebswirtschaft, den Abteilungsleitern und dem Konzernmanagement ausgeführt.

Für das entworfene Berichtssystem dienten vor allem folgende Berichte als Datenquelle:

- die kurzfristige Erfolgsrechnung (IPAC[18]-Berichtswesen),
- der Jahresbericht von VER,
- die Preislisten von VE sowie
- der Konzernbericht.

5.3 Rahmenvorschlag

Die mit den Führungskräften des RZ abgehaltenen Gespräche ergaben u.a., daß dem IPAC und dem Bericht des Rechenzentrums als Entscheidungsinstrument große Bedeutung beigemessen werden. Daher wurden die wesentlichen Daten aus beiden Berichten in das Kennzahlensystem einbezogen. Von Kennzahlen wird außerdem erwartet, daß sie sich zu Kontrollzwecken einsetzen lassen, weshalb sie auch an die Organisationsstruktur angelehnt sein müssen. Nach einer Untersuchung des Arbeitskreises *Wirtschaftlichkeit der Informationsverarbeitung* der *Schmalenbach-Gesellschaft/Deutsche Gesellschaft für Betriebswirtschaft e.V.* werden in den Betriebsabrechnungsbögen für den DV-Bereich am häufigsten folgende Kostenstellen berücksichtigt /vgl. GRI 87, S. 544/:

- Datenerfassung,
- Entwicklung der Anwendungssoftware und
- DV-Betrieb.

In Anbetracht einer solchen Strukturierung und aufgrund der bei dem untersuchten Unternehmen verwendeten Aufteilung der DV-Funktionen ist z.Z. die anschließend aufgelistete funktionale Gliederung sinnvoll:

- Kennzahlen zur Datenerfassung,
- Kennzahlen für den Rechenzentrumsbetrieb,
- Kennzahlen für die Anwendungsentwicklung,
- Kennzahlen für die Datenausgabe und
- Kennzahlen zur Datenübertragung.

---

[18] Interner Ausdruck in der DV-Abteilung

Die Kennzahlen zur Datenerfassung verlieren zunehmend an Bedeutung, da die Dateneingabe vermehrt direkt in den Fachabteilungen erfolgt /vgl. TRE 83, S. 315/. Eine derartige Entwicklung ist kennzeichnend für die DV. Ein Kennzahlensystem für die DV-Abteilung muß daher in hohem Maße flexibel sein. Allerdings sollte der prinzipielle Aufbau beibehalten werden, so daß ein erfahrener Anwender sich nach erfolgter Änderung des Kennzahlensystems nicht fortlaufend neu einarbeiten muß.

Damit das System für den Benutzer trotz der vielen Zahlenwerte transparent bleibt, wurde ein einheitlicher Aufbau für jede Funktion (Datenerfassung, Rechenzentrum, Anwendungsentwicklung und Datenausgabe) gewählt, der auch für die Kennzahlen des Unternehmens als Ganzes beibehalten wurde /vgl. Abb. 5.8/. Den Kosten werden jeweils Verrechnungsbeträge und nicht Umsätze gegenübergestellt, da das DV-Unternehmen für die eigenen Konzernfirmen tätig ist und die Leistungen nur konzernintern verrechnet werden. Aus diesem Grund wurde auch zur Bezeichnung der Überschüsse der Begriff Deckung gewählt.

Bei der Auswahl der Kennzahlen für die einzelnen Funktionsbereiche fanden vor allem die im dritten Kapitel bereits vorgestellten Kennzahlen Berücksichtigung. Dabei handelt es sich um eine gezielte Auswahl der für den Medienkonzern wichtigsten Kennzahlen. So konnte verhindert werden, daß das System, das in der vorliegenden Form bereits 640 Kennzahlen (160 Kennzahlen je Periode) umfaßt, aufgrund einer zu großen Zahl von Kennzahlen unüberschaubar wurde. Der praktische Einsatz wird zeigen, ob weitere von den im dritten Kapitel zusätzlich vorgeschlagenen Kennzahlen aufzunehmen sind.

Die Unterkennzahlensysteme unterscheiden sich erst in der zweiten bzw. dritten Hierarchiestufe. Für sie erfolgte in der ersten Hierarchiestufe die Aufteilung der Gesamtkosten analog dem IPAC-Berichtswesen in:

- Personalkosten,
- Maschinenkosten,
- sonstige Kosten (Raum-, Sach-, fremde Dienstleistungs- und Zinskosten) und
- Umlagen (z.B. Kosten für Gebäudesicherung).

Die Einteilung erscheint auch für eventuell durchzuführende Betriebs-Vergleiche sinnvoll, da eine derartige Zuordnung sicher ohne großen Aufwand auch für andere Rechenzentren erstellt werden kann. Ein Verweis auf die Studie des Arbeitskreises

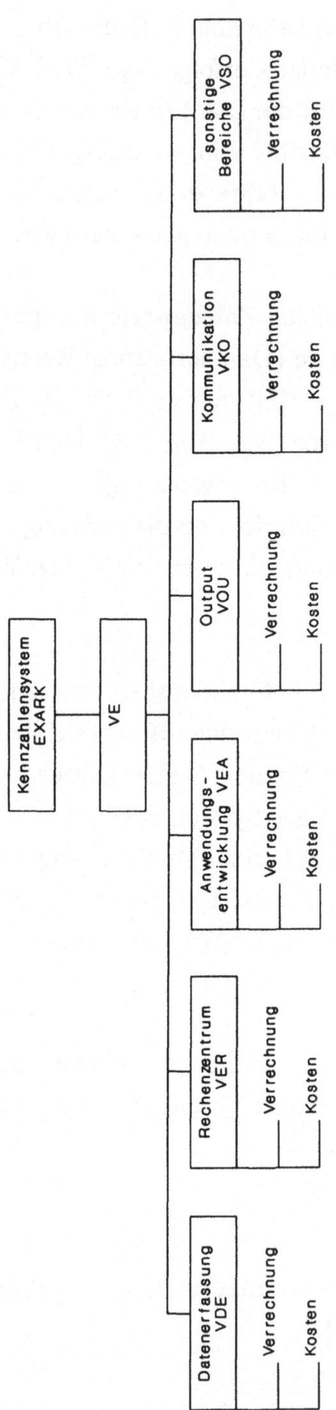

Abb. 5.8: Aufbau des EXARK-Kennzahlensystems

Wirtschaftlichkeit der Informationsverarbeitung der *Schmalenbach-Gesellschaft/Deutsche Gesellschaft für Betriebswirtschaft e.V.* ist dazu nützlich /vgl. GRI 87/. Dort werden folgende Kostengruppen genannt, die i.d.R. innerhalb der DV-Abteilungen erfaßt werden:

- Personalkosten,
- Kosten für HW-Einrichtungen,
- Kosten für Software,
- Kosten für Büromaterial und
- Abschreibungen auf gekaufte HW-Einrichtungen /vgl. GRI 87, S. 544/.

Die Personalkosten sind dabei nicht ohne Grund an erster Stelle genannt. Auch in anderen Untersuchungen (z.B. von RAYSZ und GRAEF) wird darauf hingewiesen, daß die Personalkosten einen erheblichen Kostenblock bilden. Sie waren in den untersuchten Rechenzentren nur geringfügig niedriger als die Kosten für die Anlage, obwohl die Kosten für die Programmierung weitgehend ausgeklammert wurden /vgl. RAY 81, S. 174/.

Unterstützung findet die Feststellung auch durch das Ergebnis einer Untersuchung von STAHLKNECHT und NONHOFF zur DV-Verteilung /vgl. STA 85b, S. 18/. Sie kommen zu dem Schluß, daß bei einer Dezentralisierung die Kostensenkung der CPU, die sich angesichts des besseren Preis-/Leistungsverhältnisses der CPU bei Kleinrechnern ergibt, geringer ist als die damit verbundene Steigerung der Kosten für Systemsoftware, Personal, Raum/Energie und Plattenperipherie /vgl. Abb. 5.9/.

Abbildung 5.10 zeigt, wie sich die RZ-Kosten allgemein bzw. innerhalb der DV-Abteilung des Medienkonzerns auf die verschiedenen Kostenarten aufteilen /vgl. GER 84, S. 166/.

Zu ähnlichen Ergebnissen kommen auch DIEBOLD, HÖRNER, MARUSEV und ZILAHI-SZABO /vgl. DIE 71, S. 3; HÖR 84, S. 43; MAR 83, S. 150 u. ZIL 83a, S. 236/.

Um wirksame Entscheidungen treffen zu können, werden demnach in der Praxis Informationen zur organisatorischen und personellen Entwicklung in der DV-Abteilung benötigt. Das Betrachten von Größen wie der Anzahl EXCP je Anwendung hat daher eine geringere Bedeutung /vgl. STA 78, S. 85/.

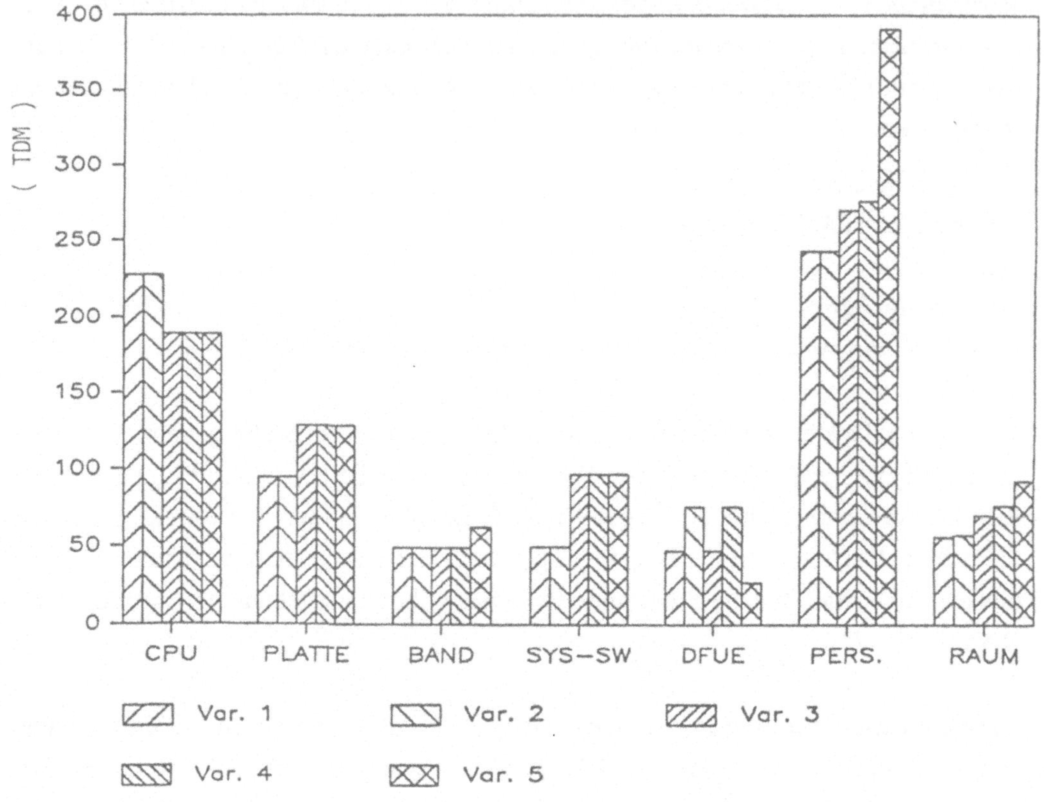

Var. 1: 1 Standort, 1 Rechner, 'normale' DFÜ
Var. 2: 1 Standort, 1 Rechner, Richtfunk DFÜ
Var. 3: 1 Standort, 5 Rechner, 'normale' DFÜ
Var. 4: 5 Standorte, 5 Rechner, zentrale Bandverarbeitung, Richtfunk DFÜ
Var. 5: 5 Standorte, 5 Rechner, dezentrale Bandverarbeitung

Abb. 5.9: DV-Kosten zentral vs. dezentral /STA 85b, S. 15/

Für einen Betriebs-Vergleich reicht allerdings die Verwendung eines normierten Kennzahlensystems oft nicht aus. Denn Größen wie *DV-Kosten*, *Personalkosten des DV-Bereiches* und *Datenübertragungskosten* werden in vielen Fällen unterschiedlich erfaßt, so daß die Ergebnisse eines Vergleiches, der sich allein auf aggregierte Größen stützt, nur eingeschränkt Gültigkeit besitzen dürften /vgl. GRI 87, S. 549/. Das Problem stellt sich z.B. auch bei den Werten in Abbildung 5.10. Die Differenz bei den sonstigen Kosten ist sicherlich auch eine Folge unterschiedlicher Abgrenzungen. Bei dem Medienkonzern waren z.B. bis zum Geschäftsjahr 86/87 in der Position auch die Kosten für fremde Dienstleistungen enthalten, obwohl es sich dabei um Personalkosten handelt.

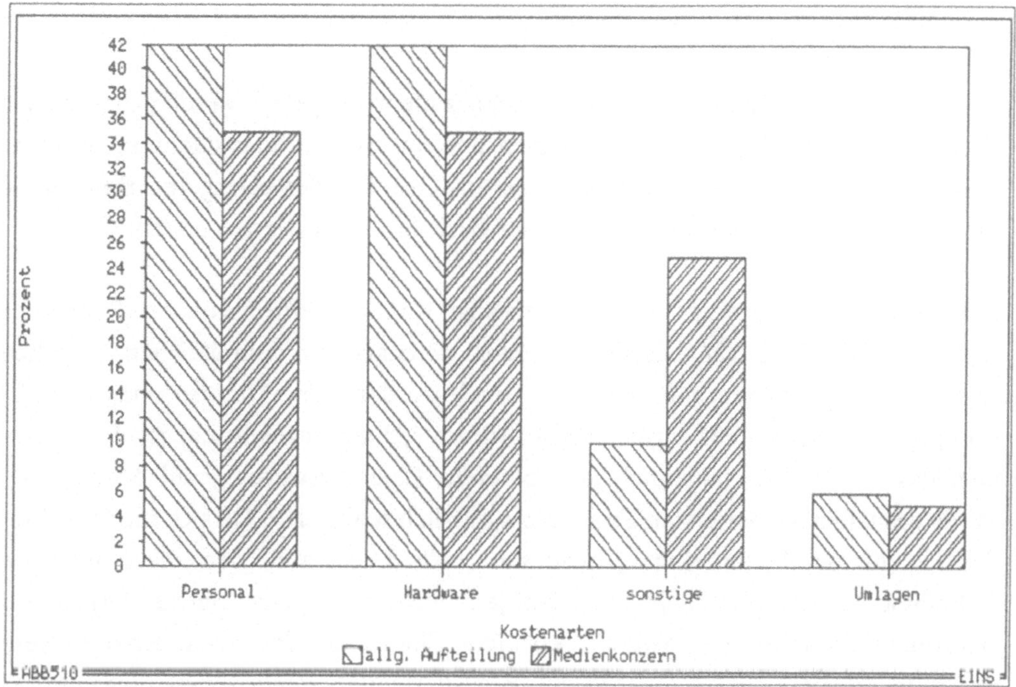

Abb. 5.10: Aufteilung der DV-Kostenarten

Damit der Anwender die Bedeutung der einzelnen Kostenarten für den jeweiligen Unternehmensbereich erkennen kann, bietet es sich an, neben den absoluten Werten zusätzlich die Anteile jeder Kostenart an den jeweiligen Stellenkosten festzuhalten. Außerdem werden die Personalkosten einheitlich in die Größen *Personalkosten pro Mitarbeiter* und *Anzahl der Mitarbeiter* aufgesplittet.

Die weitere Aufteilung der Kostenarten ergibt sich hauptsächlich aus der Forderung der Unternehmensleitung nach Kennzahlen, die - möglichst mit Bezug auf die Zahl der Mitarbeiter - Aussagen machen über den quantitativen Output der einzelnen Kostenstellen (z.B. Anzahl Mitarbeiter pro Tausend Druckseiten oder Anzahl Mitarbeiter pro Million Lines of Code).

Die einzelnen Unterkennzahlensysteme zu den genannten Funktionsbereichen wurden unter Berücksichtigung der genannten Aspekte aufgestellt. In ihnen sind alle Kennzahlen enthalten, die sich sinnvoll in ein Rechensystem einordnen ließen /vgl. Abb. 5.11 - 5.17/.

In der Phase des Rahmenvorschlags mußte zudem festgelegt werden, in welchen Zeitabständen die Kennzahlen zu erfassen sind. Im Entwicklungsstadium der vorliegenden Arbeit wurde zu Testzwecken und aus Gründen des geringeren Datenerfassungsaufwands das System zunächst auf der Basis von Jahreswerten erstellt.

In Rechenzentren hat allerdings die kurzfristige Kontrolle eine besondere Bedeutung /vgl. z.B. GRU 79, S. 12/. Die Werte müßten demnach, um dem üblichen Vorgehen in der Praxis zu entsprechen, monatlich erfaßt werden. Eine Untersuchung von SELIG /vgl. SEL 86, S. 169/ ergab, daß tatsächlich 2/3 der angeschriebenen Unternehmen das DV-Budget monatlich kontrollieren. Eine Auswertung auf Monatsbasis wurde deshalb nach der ersten Testphase zusätzlich realisiert[19]. Da sich die Organisationsstruktur des Unternehmens nicht starr verhält und außerdem die funktionale Aufteilung des Kennzahlensystems schon jetzt nicht mehr genau mit der Organisationsstruktur übereinstimmt, wird die getroffene Einordnung der vorhandenen Kostenstellen in die Bereiche *Datenerfassung*, *Rechenzentrumsbetrieb*, *Anwendungsentwicklung*, *Output* und *Kommunikation* und *sonstige Kostenstellen* in der Abbildung 5.18 festgehalten.

Ein DV-Kennzahlensystem sollte daher leicht veränderbar sein /vgl. auch Abschnitt 4.6/. Es muß möglich sein, neue Kennzahlen aufnehmen, bzw. Kennzahlen, die z.B. aufgrund technischer Entwicklungen bedeutungslos geworden sind, aus dem Kennzahlensystem herausnehmen zu können. Änderungen in der Organisationsstruktur sind i.d.R. eine Konsequenz der technischen Entwicklung. Sie verändern auch Arbeitsabläufe und damit das Aufgabenspektrum vor allem im eigentlichen Rechenzentrum /vgl. WAL 84/.

---

[19] **In dieser Version ist zudem die Schnittstelle zwischen dem Großrechner und dem PC realisiert worden, so daß das Gros der Daten nunmehr nicht mehr manuell zu erfassen ist.**

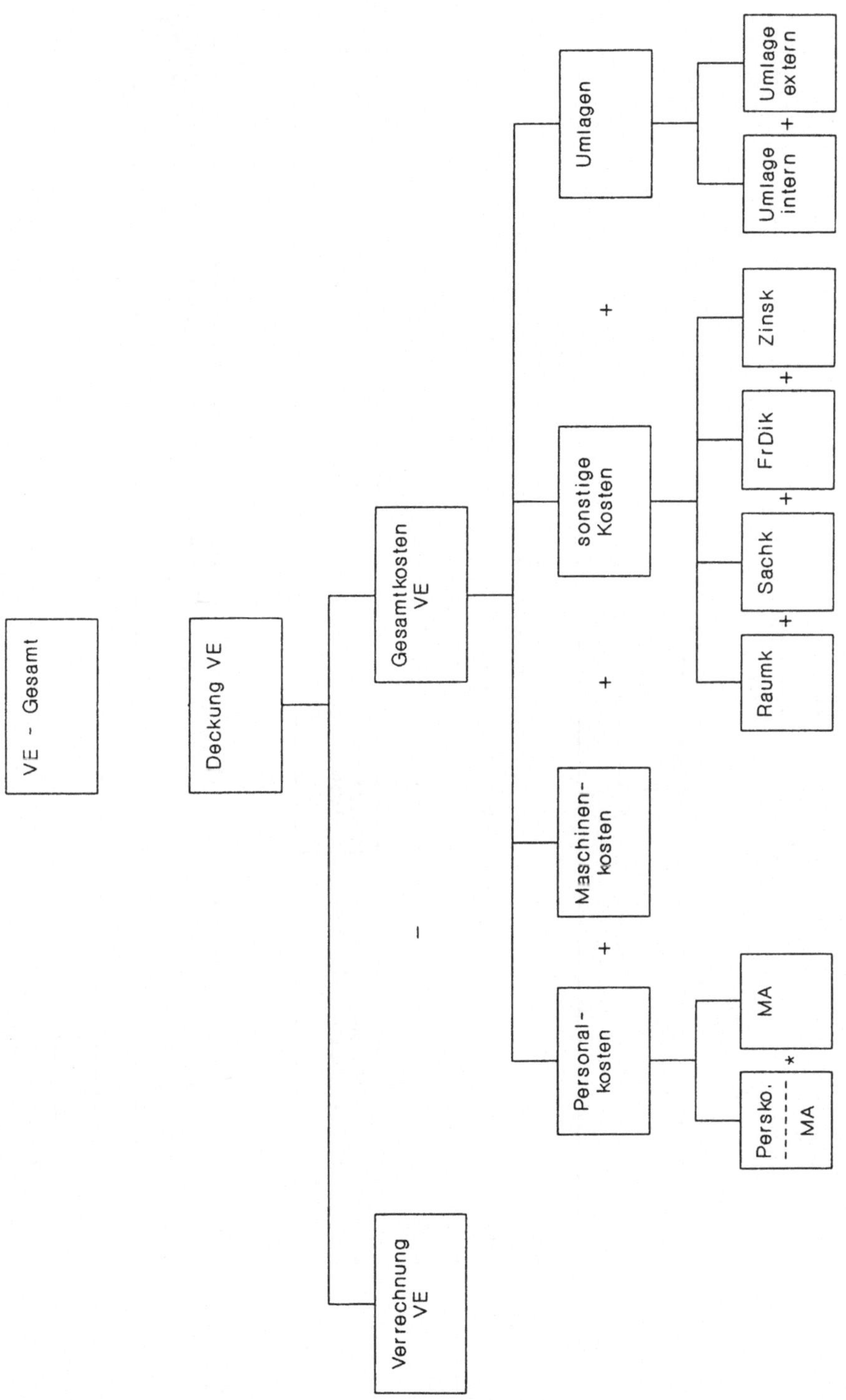

<u>Abb. 5.11</u>: Kennzahlensystem für die gesamte DV-Abteilung

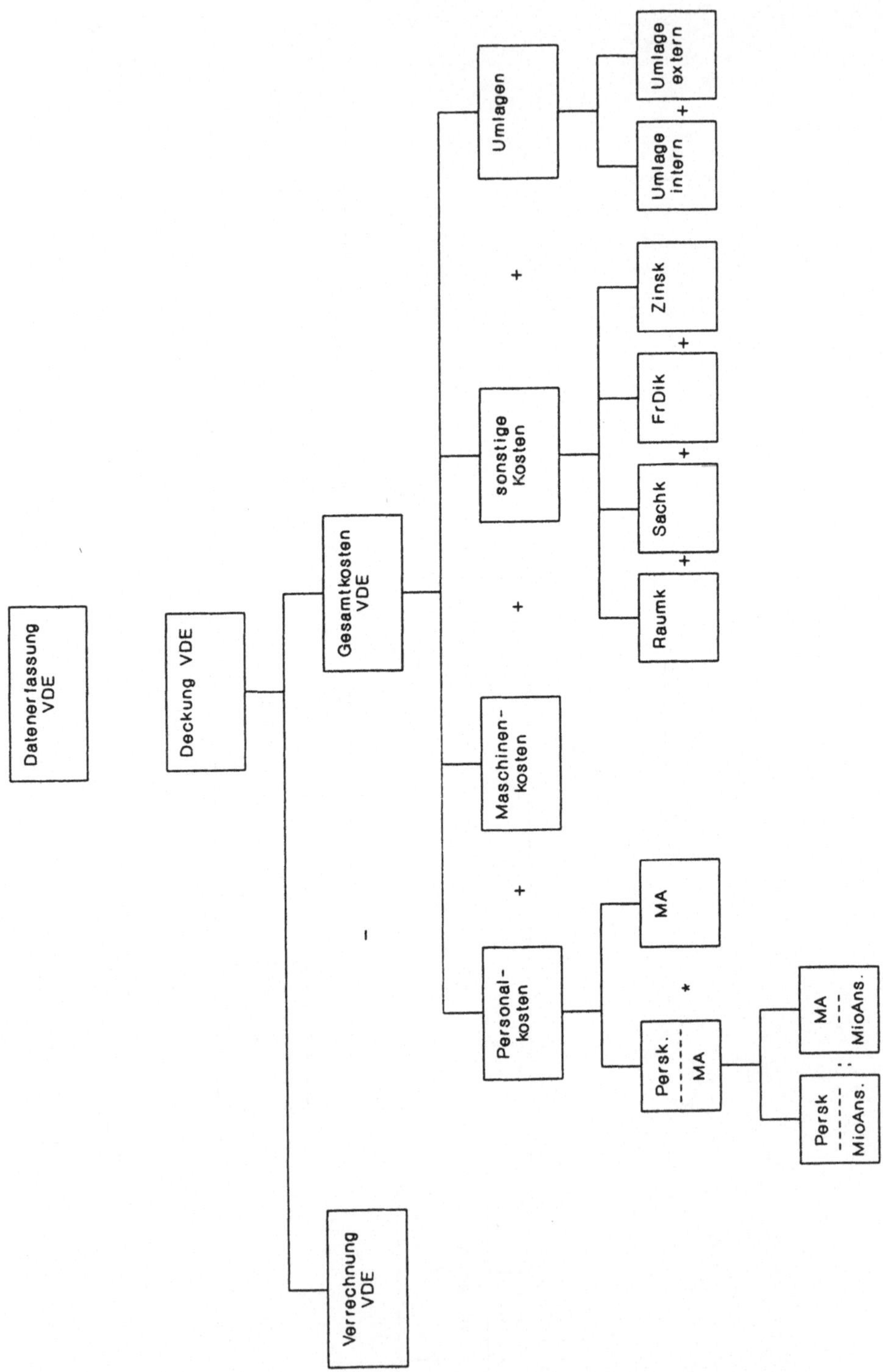

<u>Abb. 5.12</u>: Kennzahlensystem für die Datenerfassung

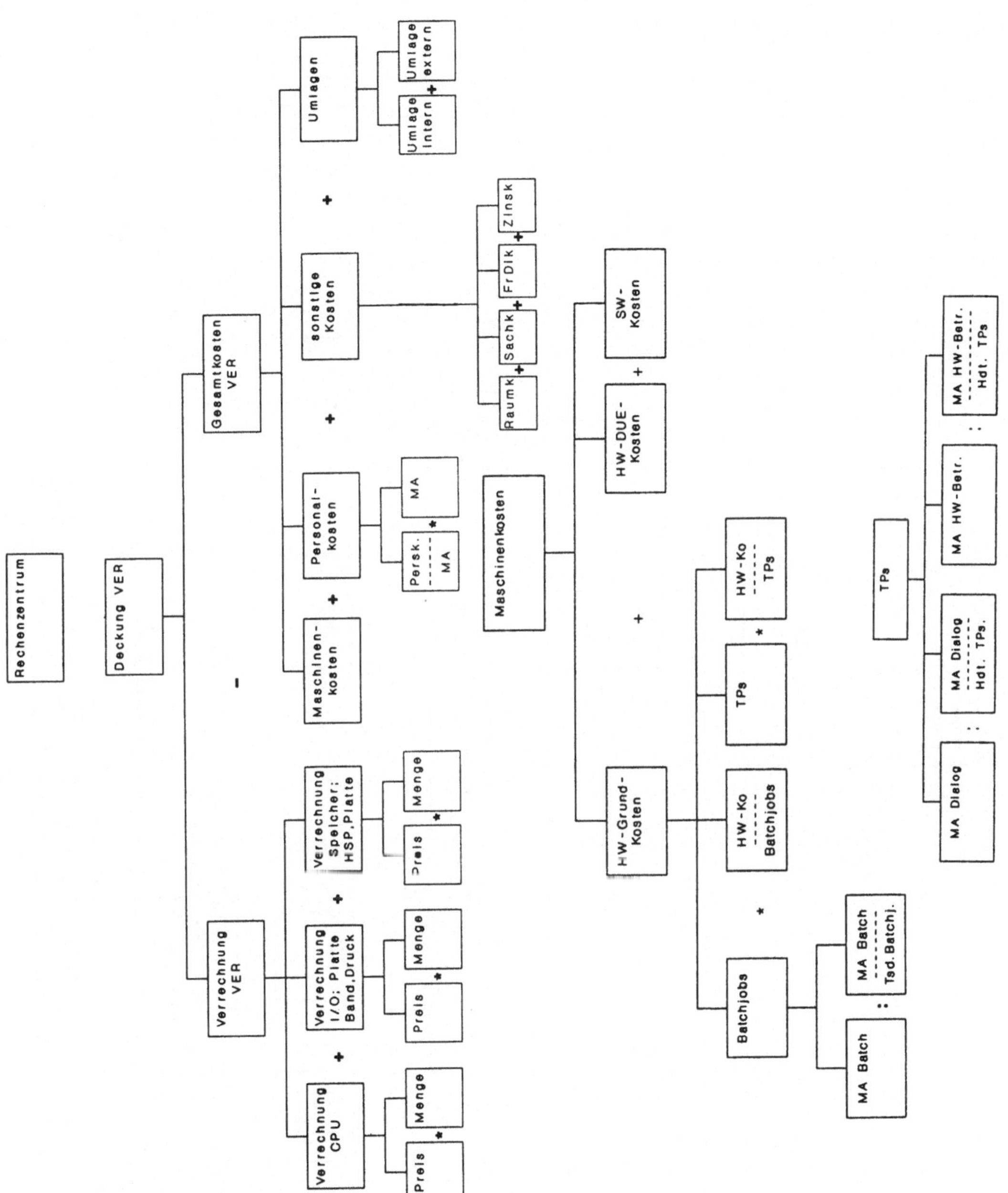

Abb. 5.13: Kennzahlensystem für das Rechenzentrum

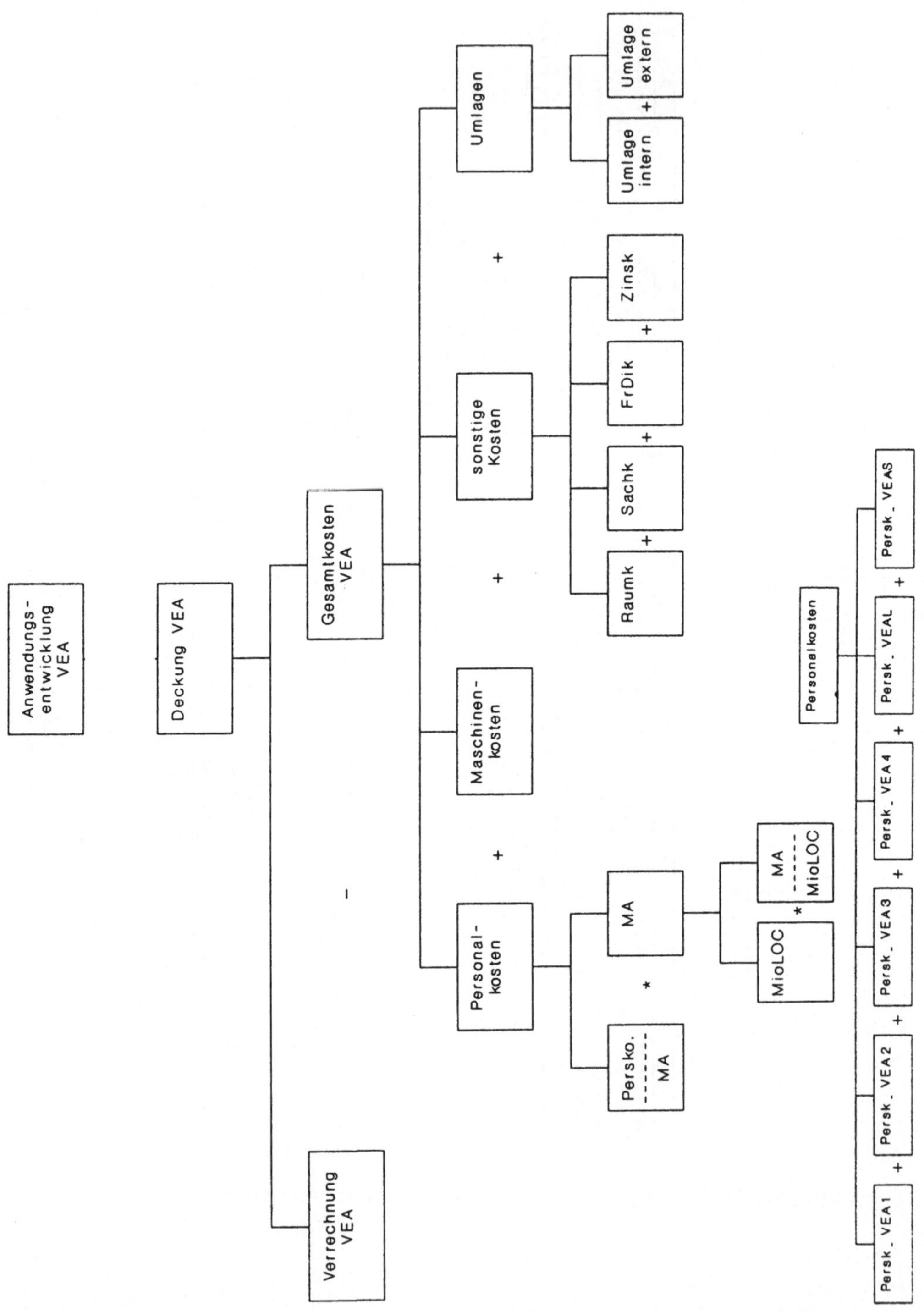

Abb. 5.14: Kennzahlensystem für die Anwendungsentwicklung

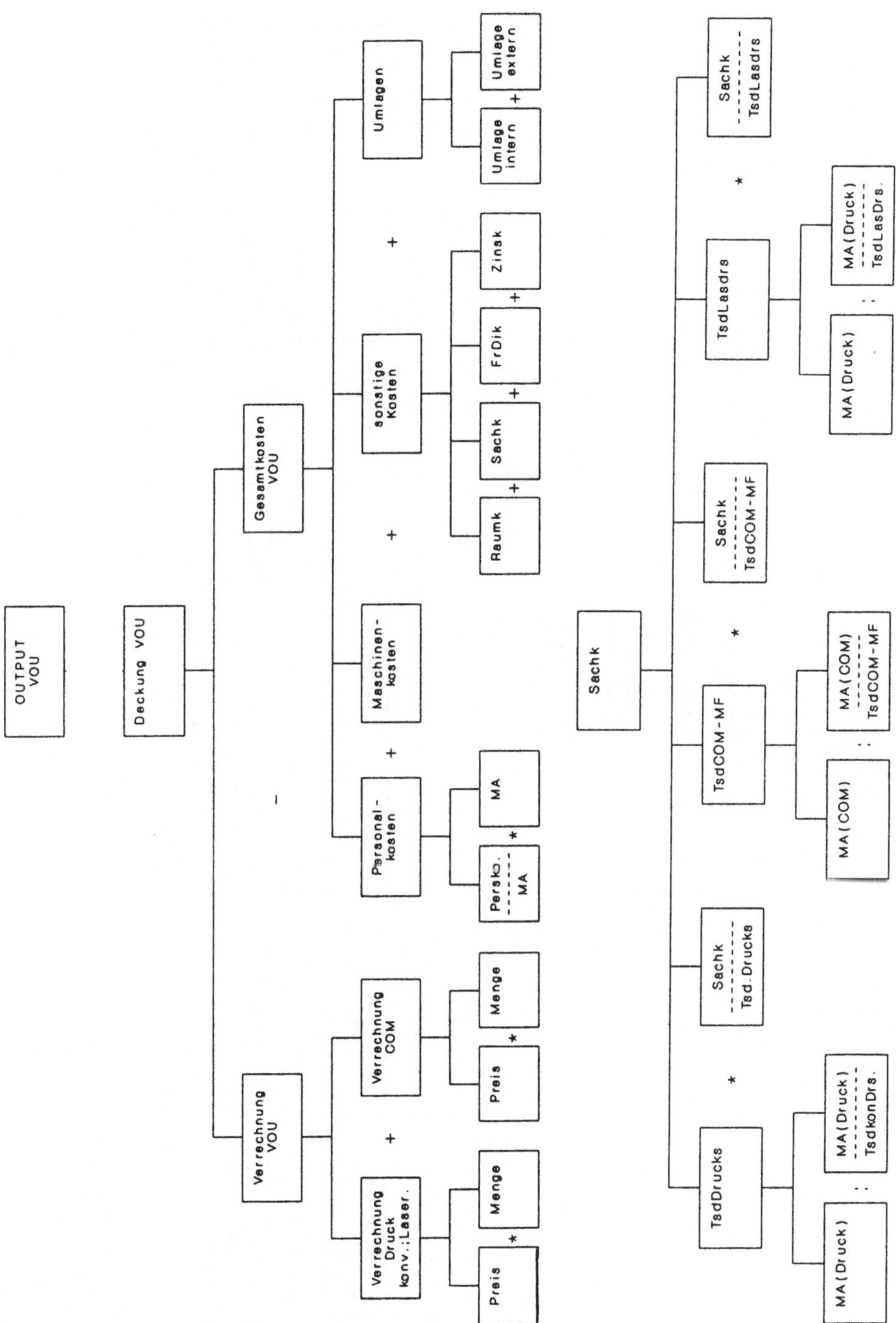

Abb. 5.15: Kennzahlensystem für den Output

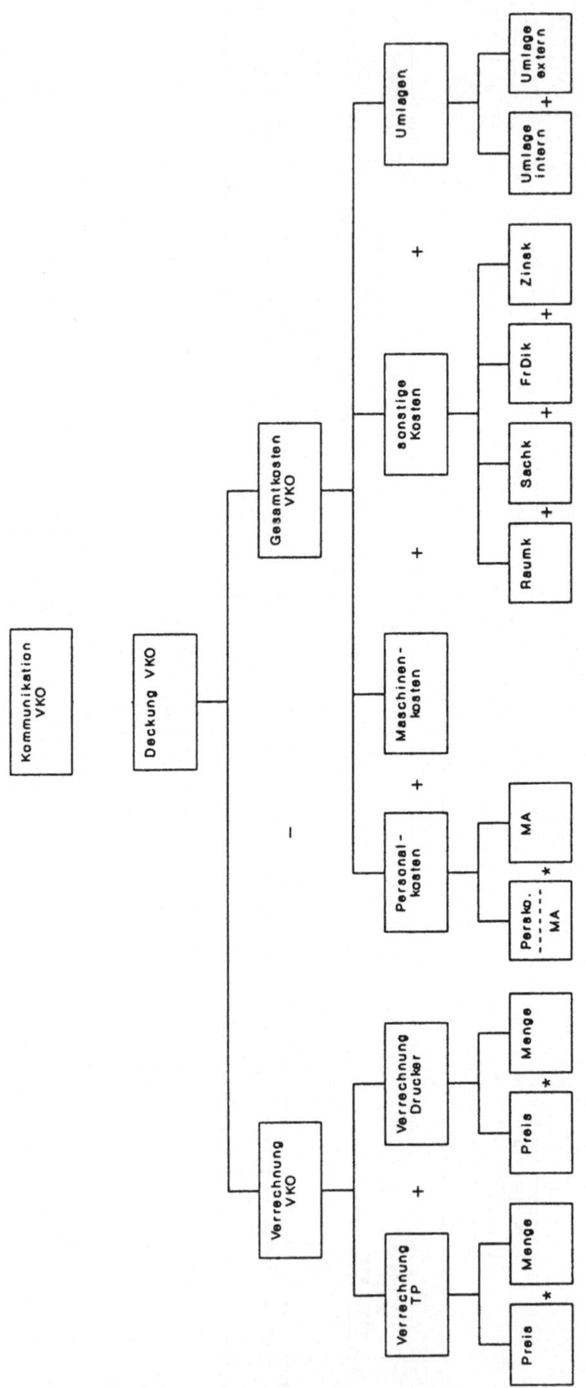

Abb. 5.16: Kennzahlensystem für die Kommunikation

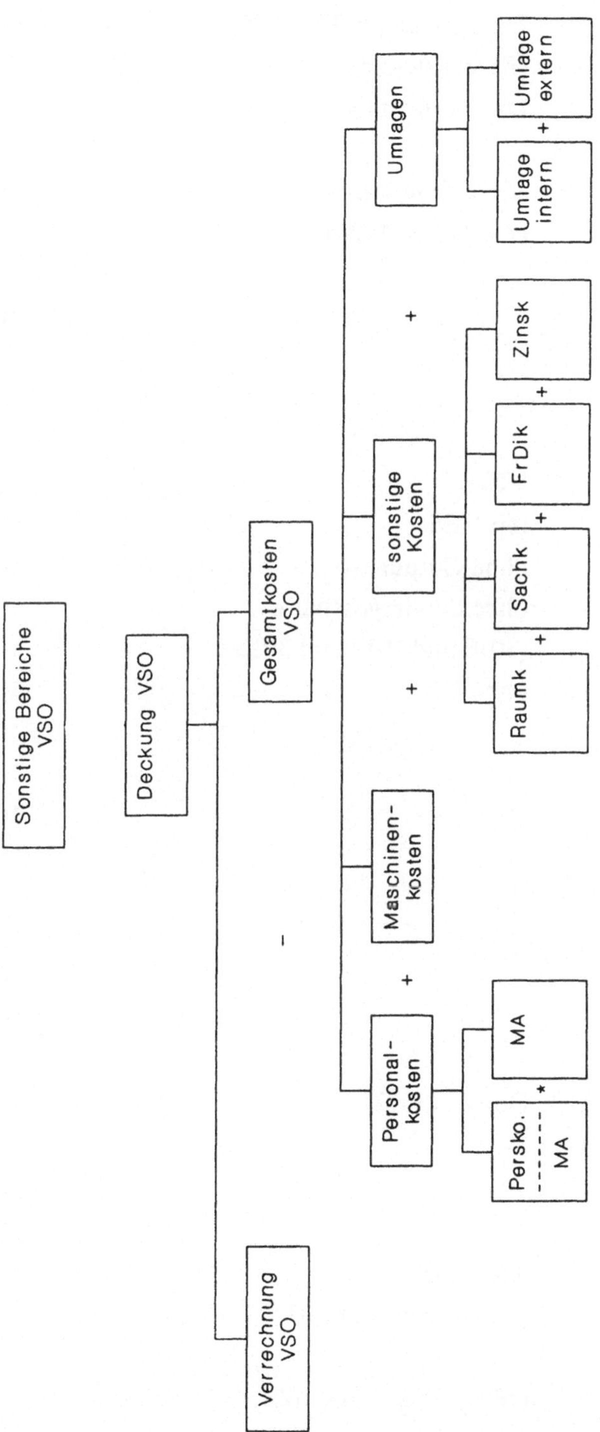

Abb. 5.17: Kennzahlensystem für die sonstigen Abteilungen

	Bezeichnung lt. IPAC 85 (Kostenstellennr)	Kostenstellennr.
Datenerfassung:	Datenerfassung	1005
Anwendungsentwicklung:	VEA ohne VEA-5	1021
	(3002 ohne 1026)	1022
		1023
		1024
		1025
		1027
Rechenzentrum:	VER	1010
	mit VES	1031
	ohne Output	1035
	ohne Sondergeschäfte	1036
	(3010 und 1010 und 3012	1037
	ohne 1039)	1038
		1040
		1041
		1042
		1046
		1047
		1048
		1051
		1052
Output:	Output (3012)	1043
		1044
		1045
Kommunikation:	Kommunikation	1059
	(im Geschäftsjahr 83/84 1011)	
Sonstige Kostenstellen:	(1001, 1002, 1003, 1004, 1015 bis 1019, 1026, 1028, 1030, 1054, 1055,1057)	

Abb. 5.18: Zuordnung der Kostenstellen zu den Bereichs-Kennzahlensystemen

Die absoluten Kennzahlenwerte bilden lediglich die Ausgangsbasis für eine dezidierte Analyse. Vornehmlich ist eine Bewertung der Kennzahlen anhand einer Vergleichsgröße erforderlich. Neben den Kennzahlenwerten sind demnach die absoluten und prozentualen Abweichungen vom Vergleichswert zu bestimmen, wobei letztere als Grundlage für eine spätere Bewertung am sinnvollsten erscheinen.

Vergleichswert für die Beurteilung der Kennzahlenentwicklung können der Plan-Wert oder der Wert der Vorperiode sein. Eine Bewertung der Plan/Ist-Abweichungen erscheint sinnvoll, weil ungeplante Entwicklungen nur so erkannt werden können. Der Plan/Ist-Vergleich reicht aber für eine Analyse nicht in jedem Fall aus. Wäre auf den Zeit-Vergleich verzichtet worden, bestünde die Gefahr, daß es bei den Informationsadressaten zu unbeabsichtigten Anpassungsreaktionen käme (behavioral accounting). Das träfe z.B. zu, wenn die Informationsadressaten von vornherein zu hohe Plankosten angäben, um beim Vergleich in jedem Fall positive Ergebnisse zu erzielen /vgl. SCL 82, S. 129/. Ein Zeit-Vergleich erweitert die Erkenntnismöglichkeiten gegenüber einer einperiodischen Betrachtung /vgl. SCW 70, S. 1781/, da er alle Entwicklungen widerspiegelt. Allerdings birgt die alleinige Verwendung von Zeit-Vergleichsdaten die Gefahr, daß ggf. 'Schlendrian' mit 'Schlendrian' verglichen wird /vgl. SCT 83, S. 26/ und keine Aussage über den Zielerreichungsgrad eines Optimalitätskriteriums gemacht werden kann. Beide Bewertungsverfahren sind demnach sinnvoll und notwendig, so daß in dem entwickelten System eine Bewertung sowohl aufgrund der Plan/Ist-Abweichung als auch aufgrund der Differenz aus Jahreswert und Vorjahreswert realisiert wurde.

5.4 Programmbeschreibung zur Kennzahlenbestimmung

Die Realisierung des vorgeschlagenen Modells wurde auf einem IBM PC vorgenommen. Zur Anwendung kam hier das Programmpaket 1-2-3 von LOTUS, das u.a. eine komfortable Tabellenkalkulation und das Erstellen von Grafiken ermöglicht[20]. Für

[20] Mittlerweile existieren weitaus komfortablere Softwareprodukte, doch war zur Zeit des Systementwurfs (Anfang 1986) 1-2-3 das benutzerfreundlichste Programm-Paket. Die erstellten Arbeitsblätter lassen sich auch ohne weiteres mit dem Paket SYMPHONY von LOTUS laden und bearbeiten. Der Benutzer kann dann allerdings keinen Gebrauch von der Benutzerführung und den mit Makrobefehlen programmierten Funktionen machen, da SYMPHONY teilweise andere Bezeichnungen für seine Kommandos hat.

die eigentliche Analyse bedurfte es aber einer Programmiersprache, die

- die Verarbeitung von regelbasiertem Wissen und
- die Verarbeitung von Texten, die nicht quantifizierbare Informationen enthalten,

gestattet. Die Programme zur Kennzahlenanalyse werden im siebten Kapitel der Arbeit vorgestellt , da hierzu eine nichtprozedurale Sprache eingesetzt wurde.

Die Eingabe der Daten stellte ein anderes Problem dar. Ein Teil ist dem hausinternen Berichtswesen entnommen und in Dateien auf dem Großrechner festgehalten. Der andere Teil mußte manuell ermittelt werden. Weil der Erfassungsaufwand recht gering war (ca. 3 Stunden je Abrechnungsperiode), ist eine Schnittstelle zunächst nicht realisiert worden. Für das System, das mit Monatswerten arbeitet, wurde die Schnittstelle zwischen dem Großrechner und dem PC automatisiert /vgl. Abschnitt 5.3/.

Bei der Systemerstellung wurde zunächst besonderes Augenmerk darauf gerichtet, den Umgang mit dem System auch DV-Laien zu ermöglichen. Dazu sind die Möglichkeiten der Makrobefehle innerhalb von 1-2-3 genutzt worden.

Die mit 1-2-3 entworfene Software besteht aus mehreren Dateien. Abbildung 5.19 verdeutlicht ihren logischen Zusammenhang. Der Baum wird von unten nach oben abgearbeitet. Je nachdem, ob die Eingabe der Kostenwerte oder der Umsatzwerte vorgenommen werden soll, wird von dem Arbeitsblatt AUTO123 das Modul KZEINKOS oder KZEINUMS aufgerufen. In dem Worksheet KZAUS4 sind die Daten so aufbereitet, daß sie nach Ihrer Umwandlung in eine ASCII-Datei von dem PROLOG-System gelesen werden können.

Je nach der gewählten Vergleichsart wechselt das Programm in das entsprechende Unterverzeichnis auf der Platte. Da die beiden Vergleichsarten den gleichen Programmaufbau haben, wird im folgenden die Funktionsweise nur einmal erläutert.

Im Anschluß an die Auswahl erscheint das folgende Menü:

- Eingabe der Kostenwerte *KZEINKOS*,
- Eingabe der Umsatzwerte *KZEINUMS*,
- Berechnung der Kosten-Kennzahlen *KZBERT*,
- Aufbereiten der Kennzahlen *KZBEWERT*,
- Ende *ENDE*.

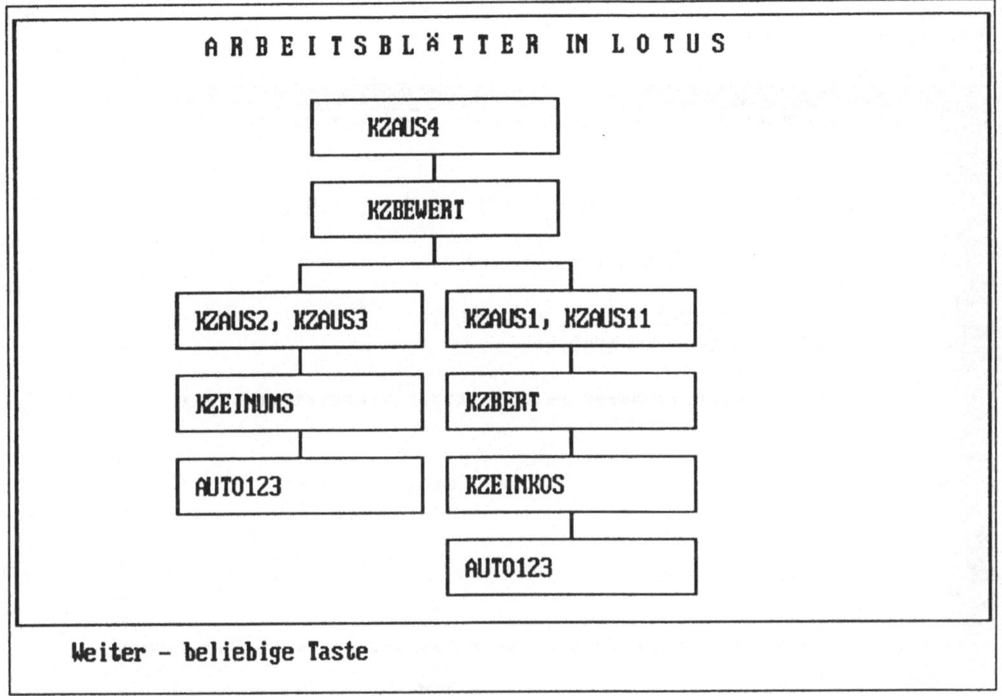

Abb. 5.19: Aufbau der 1-2-3-Arbeitsblätter

Mit dem Aufruf von 1-2-3 wird automatisch die Tabelle AUTO123 geladen. Die zur Verfügung stehenden Menüs werden in der Befehlszeile angezeigt /vgl. Abb. 5.20/:

- Zeit-Vergleich,
- Plan/Ist-Vergleich,
- Monats-Vergleich (Plan/Ist),
- Ende.

Eingabe der Kostenwerte **KZEINKOS**:

In das Worksheet (Arbeitsblatt) *KZEINKOS* /vgl. Abb. 5.21/ werden vor allem die für die Analyse bedeutenden Kosten-Kennzahlen eingegeben, wie z.B.:

- Personalkosten,
- Maschinenkosten oder
- Sachkosten usw.

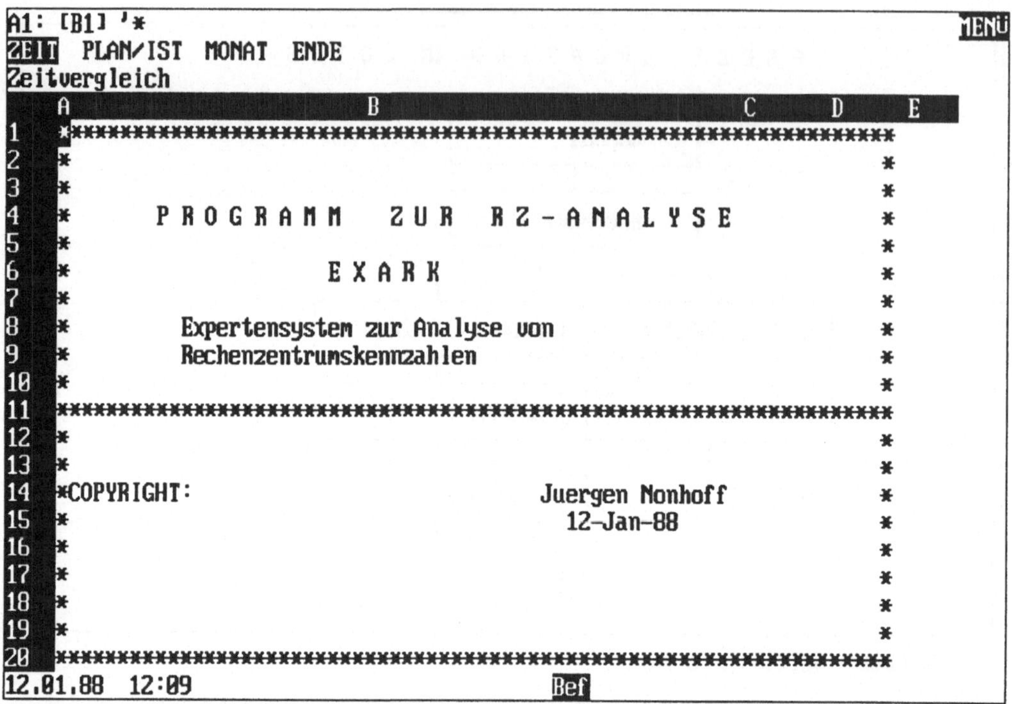

Abb. 5.20: Bildschirm bei Aufruf der 1-2-3 Programme

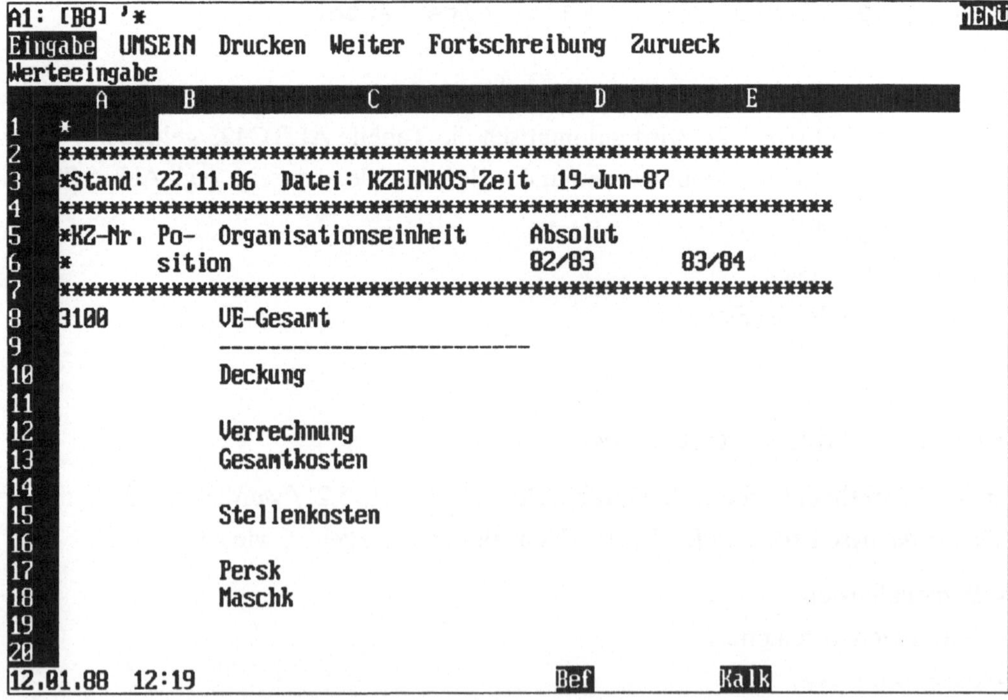

Abb. 5.21: Bildschirm bei Aufruf der Tabelle KZEINKOS

In der Befehlszeile erscheinen die Optionen

- Eingabe — Eingabe der Kostenwerte
- UMSEIN — Aufrufen der Tabelle *KZEINUMS*
- Drucken — Ausgeben des Arbeitsblattes
- Weiter — Aufrufen der Tabelle *KZBERT*
- Fortschreibung — Löschen des ältesten Geschäftjahres und Anfügen einer Leerspalte sowie
- Zurück — Aufrufen des Arbeitsblatts *AUTO123*.

Eingabe der Umsatzwerte **KZEINUMS:**

Das Arbeitsblatt *KZEINUMS* /vgl. Abb. 5.22/ nimmt alle Werte auf, die für die Analyse des Umsatzes wichtig sind, so z.B.:

- Preis je CPU-Minute oder
- Preis je Druckseite.

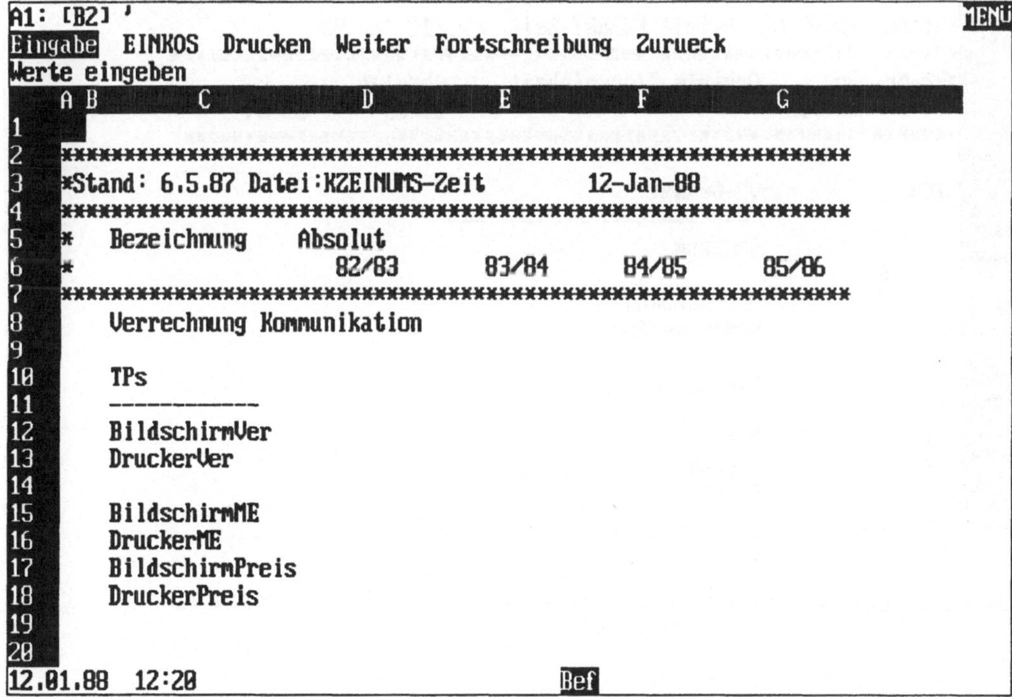

Abb. 5.22: Bildschirm bei Aufruf der Tabelle KZEINUMS

Im folgenden werden nur noch solche Menüpunkte näher erklärt, die noch nicht in einem vorhergehenden Arbeitsblatt erläutert wurden oder die Besonderheiten aufweisen. Bei der Auswahl des Kommandos *Weiter* werden die für die spätere Bewertung notwendigen Differenzen in die Zwischendateien *KZAUS2* und *KZAUS3* kopiert. Anschließend wird die Tabelle *KZBERT* aufgerufen. In die beiden Arbeitsblätter *KZEINKOS* und *KZEINUMS* kann der Anwender selbst weitere Kennzahlen eingeben. Dafür ist in jedem Worksheet ein besonderer Bereich vorgesehen.

Berechnung der Kosten-Kennzahlen **KZBERT**:

In der Tabelle *KZBERT* /vgl. Abb. 5.23/ hat der Anwender vornehmlich die Möglichkeit, die errechneten Werte zu betrachten und die Daten zu aktualisieren, sofern neue Zahlenwerte eingegeben wurden.

```
A1: [B8] '                                                              MENÜ
Betrachten  Aktualisieren  Drucken1  Drucken2  Weiter  Zurueck

      A         B              C                   D             E
1
2   ***********************************************************************
3   *Stand: 29.05.87  Datei: KZBERT-Zeit        12-Jan-88
4   ***********************************************************************
5   *KZ-Nr. Po-      Organisationseinheit       Absolut
6   *       sition                              82/83          83/84
7   ***********************************************************************
8
9   3100             VE-Gesamt
10                   ------------------------
11                   Deckung
12
13  1                Verrechnung
14  2                Gesamtkosten
15
16                   Stellenkosten
17
18  2.1              Persk
19  2.2              Maschk
20  2.3              Sonstk                              0             0
12.01.88  12:22                              Bef
```

<u>Abb. 5.23</u>: Bildschirm bei Aufruf der Tabelle KZBERT

Das Untermenü *Aktualisieren* kopiert die Werte aus der Tabelle *KZEINKOS*. Dabei erfolgt eine Zuordnung der vorgefundenen Kostenstellen zu den für die Analyse ausgewählten Unterkennzahlengruppen *Gesamtunternehmen*, *Datenerfassung*, *Anwendungsentwicklung*, *Rechenzentrum*, *Output*, *Kommunikation* und *sonstige Abteilungen*.

Beim Verlassen des Worksheets - Kommando *Weiter* - werden die Ergebnisse in der Tabelle *KZBERT5* gespeichert. Außerdem werden die für die Bewertung erforderlichen prozentualen Differenzen in der Zwischendatei *KZAUS1* festgehalten.

Aufbereiten der Kennzahlen für das Expertensystem **KZBEWERT**:

In dem Worksheet *KZBEWERT* /vgl. Abb. 5.24/ befinden sich alle Werte, die für die anschließende Analyse von Bedeutung sind. Die erzeugten Daten dienen als Grundlage für die spätere Bewertung der Kennzahlen.

```
A1: [B8] '?                                                         MENÜ
Betrachten Aktualisieren Weiter Drucken Zurueck

       A        B            C                 D           E         F
1   ?
2   ****************************************************************
3   *Stand: 20.2.87  Datei: KZBEWERT-Zeit    11-Feb-88
4   ****************************************************************
5   *KZ-Nr. Po-      Organisationseinheit
6   *       sition                           82-84       83-85     84-86
7   ****************************************************************
8
9   3100             VE-Gesamt
10                   -------------------------
11                   Deckung
12
13  1                Verrechnung
14  2                Gesamtkosten
15
16                   Stellenkosten
17
18  2.1              Persk
19  2.2              Maschk
20  2.3              Sonstk
11.02.88  16:20                               Bef
```

Abb. 5.24: Bildschirm bei Aufruf der Tabelle KZBEWERT

Die errechneten Werte werden mit der Option *Weiter* zur Datenübertragung an das Analyseprogramm zunächst in die Tabelle *KZAUS4* kopiert.

Damit das dazu erstellte PROLOG Programm-System, das in den weiteren Abschnitten näher beschrieben wird, auf die Daten Zugriff hat, mußte eine Schnittstelle geschaffen werden. Sie besteht aus

- dem LOTUS-Arbeitsblatt *KZAUS4*, in dem die Daten 'prologgerecht' aufbereitet werden,
- einer ASCII-Datei *KENNZ.PRN*, in die die Daten aus *KZAUS4* von LOTUS kopiert werden,
- einem BASIC-Programm *PROLOG.EXE*, das aus der LOTUS-Tabelle überflüssige Leer- und sonstige Zeilen entfernt, und
- einer ASCII-Datei *KZDATEN.DAT*, in welche die so aufbereiteten Daten geschrieben werden.

Die Bewertung wurde in das eigentliche Expertensystem und nicht in ein Kalkulations-Arbeitsblatt integriert, da die von den Experten gewählten Bewertungsregeln für ein Tabellenkalkulationsprogramm zu komplex waren. Wenn z.B. die Zahl der Mitarbeiter um 10% gestiegen ist, kann eine 7%-ige Steigerung der Personalkosten nicht mit 'schlecht' beurteilt werden. Für die Bewertung einzelner Positionen ist demnach nicht nur die Veränderung der Position selbst, sondern auch die Veränderung anderer Größen entscheidend. Die Verlagerung der Bewertung in den zweiten Programmteil brachte zudem den Vorteil, daß der Anwender nunmehr im Dialog neue Skalen selbst erstellen kann /vgl. Abschnitt 7.2.3/.

Die Ergebnisse der durchgeführten Berechnungen können im Anschluß analysiert werden. Da sich der Anwender einem umfangreichen Zahlenwerk gegenübersieht, wurde ein Expertensystem entwickelt, das sehr benutzerfreundlich programmiert ist und die Analyse wesentlich erleichtert. Dabei kam die Sprache PROLOG zur Anwendung, die sich besonders für die Interpretation von Regelwissen eignet.

Die Entwicklung der Programme zur Kennzahlenanalyse setzt eine Auseinandersetzung mit dem Themengebiet der Expertensysteme voraus, da die Aufgabenstellung eine typische Anwendung derartiger Systeme ist. Daher schließt sich zunächst eine Abhandlung zum Themengebiet der Expertensysteme an, ehe die Programmfunktionen hierzu dezidiert erörtert werden.

6 Expertensysteme

6.1 Einführung

Neben den klassischen DV-Anwendungssystemen, den Administrations- und Dispositionssystemen und den heutzutage verstärkt zur Anwendung kommenden Planungs- und Informationssystemen bilden die Expertensysteme einen neuen Anwendungsbereich /vgl. STA 87, S. 302ff./. Sie sind das für den praktischen Einsatz am weitesten fortgeschrittene Teilgebiet der Künstlichen Intelligenz (KI) /vgl. HAN 86, S. 334/. Zur KI gehören die Bereiche

- Robotik,
- Sprachverstehen (natürliche Sprache),
- Bildverstehen, Bildanalyse und
- Expertensysteme /vgl. HUB 85, S. 3/.

Expertensysteme unterscheiden sich von Informationssystemen, da sie nicht nur das in Dateien gespeicherte Wissen schnell wiedergeben können, sondern darüber hinaus Probleme lösen, die auf der Basis von vagem Expertenwissen entschieden werden müssen. Sie sind wissensbasierte Informationssysteme, die das Know-how eines Experten für ein bestimmtes Gebiet modellieren und dazu benutzen, komplexe Probleme zu lösen /vgl. STR 86, S. 50 u. APP 85, S. 5/. Sie sollen eine allgemeine und einfach zugängliche Wissensquelle darstellen und den Experten bei der Bewältigung nicht routinemäßig auftretender komplexer Aufgaben unterstützen, wobei sie selbst Schlußfolgerungen ziehen /vgl. RET 84, S. 75 u. SCA 86, S. 25/. Das wesentliche Ziel von Expertensystemen ist es, dem Benutzer das Wissen und die Performance eines Experten zur Verfügung zu stellen /vgl. RET 84, S. 75/. Der Fachspezialist wird durch sie aber nicht ersetzt. Ihm wird vielmehr die Arbeit durch eine verbesserte Informationsbasis erleichert, damit er sein Ziel rascher und sicherer erreichen kann /vgl. HÜR 87, S. 396/. Expertensysteme müssen daher

- das Problem verstehen,
- die gefundene Lösung erklären und
- weiteres Wissen erwerben können /vgl. PUP 86, S. 1/.

Wenn das Expertensystem die genannten Anforderungen erfüllt, wird es auch in der betriebswirtschaftlichen Praxis von großem Nutzen sein. Aussagen zum quantitativen

Nutzen sind dabei kaum möglich. Es werden sich aber insbesondere Vorteile folgender Art ergeben:

- Arbeitserleichterung bei komplexen Aufgaben,
- Entlastung des Experten und seiner Mitarbeiter von Routinetätigkeiten,
- effizientes Verbreiten des Erfahrungswissens, d.h. das Wissen wird rasch, vollständig und in leicht verständlicher Form bereitgestellt /vgl. VOL 86, S. 554/,
- Schulung neuer Mitarbeiter,
- Schulung der Experten durch die konsequente Auseinandersetzung mit Fragen, die in diesem Detail vorher selten überlegt wurden /vgl. MÄH 87, S. 16/.

Nutzeffekte werden sich allerdings nur einstellen, wenn die Sozialverträglichkeit des Systems mit berücksichtigt wird. Ansonsten besteht die Gefahr, "Schiffbruch [zu] erleiden, denn [dann] ... werden diejenigen nicht mitziehen, auf die es ankommt, die Wissensträger" /MÄH 87, S. 16/.

Das erste große Expertensystem war MYCIN. Das System arbeitet auf dem Niveau eines menschlichen Experten und liefert seinen Benutzern eine Erklärung seiner Schlußfolgerungen. MYCIN ermöglicht die Konsultation und Beratung eines Arztes auf dem Gebiet der Bakteriämie (Infektionen, bei denen Bakterien im Blut auftreten) und Meningitis (entzündliche Infektionen der Hirn- und Rückenmarkshäute) /vgl. HAR 86, S. 17/.

Die Entwicklung und der Einsatz von Expertensystemen in der betrieblichen Praxis befinden sich in der Bundesrepublik noch in den Anfängen (Stand 1986):

- 1986 konnten lediglich zehn Systeme im deutschsprachigen Raum ausfindig gemacht werden, die sich im betrieblichen Einsatz befinden /vgl. MER 86, S. 936/,
- der Verkauf von Hardware und Tools zur Entwicklung von Expertensystemen verzeichnet erhebliche Zuwachsraten,
- erfolgreiche Systeme sind oft Mischsysteme aus konventionellen Anwendungen und Expertensystemen /vgl. MER 86, S. 938/.

Expertensysteme können generell zur Unterstützung der folgenden Aufgaben eingesetzt werden /vgl. HEN 85, S. 138 u. HAY 83, S. 14/:

- Interpretation,
- Design und Konstruktion,
- Planung, Vorhersage und Beratung,

- Diagnose, Fehleranalyse und -behebung,
- Überwachung und Kontrolle,
- computerunterstütztes Lernen,
- Programmierumgebungen und Werkzeuge zur Systementwicklung.

Systeme für das DV-Controlling lassen sich dem Funktionsbereich der Überwachung und Kontrolle zuordnen.

Expertensysteme bestehen aus einer Wissensbasis (außen) und einem Steuersystem (innen). Die Wissensbasis /vgl. PUP 86, S. 2/ setzt sich - wie die Abbildung 6.1 zeigt - zusammen aus:

- dem fallspezifischen Faktenwissen, das der Benutzer bei einer Konsultation eingibt,
- dem bereichsspezifischen Expertenwissen, das sich für die Dauer einer Konsultation nicht verändert und
- den Zwischen- und Endergebnissen, die das System während einer Konsultation herleitet.

Das Steuersystem /vgl. PUP 86, S. 2/ umfaßt i.d.R.:

- eine Interviewerkomponente, die den Dialog mit dem Benutzer führt,
- eine Erklärungskomponente, die dem Benutzer und dem Experten die Vorgehensweise des Expertensystems offenlegt (eine Art Tracing),
- eine Wissenserwerbskomponente, die es ermöglicht, Wissen in das System einzugeben und ggf. zu ändern und
- eine Problemlösungskomponente (inference machine), die das Expertenwissen und die Benutzereingaben verwendet und dafür eine Lösung sucht.

Die Pfeile in der Abbildung 6.1 weisen auf die Beziehungen zwischen den einzelnen Komponenten und der Umwelt hin:

- Benutzer und Experte erhalten Informationen aus der Erklärungskomponente, sofern sie eine entsprechende Anfrage gestellt haben,
- die Eingaben des Benutzers werden über die Interviewerkomponente in die fallspezifische Faktenbasis weitergeleitet,
- das Expertenwissen wird über die Wissenserwerbskomponente an die Wissensbasis weitergegeben,
- die Problemlösungskomponente steuert den Ablauf und bestimmt damit auch den Verlauf des Benutzerdialogs sowie die Reihenfolge der Erklärungen,

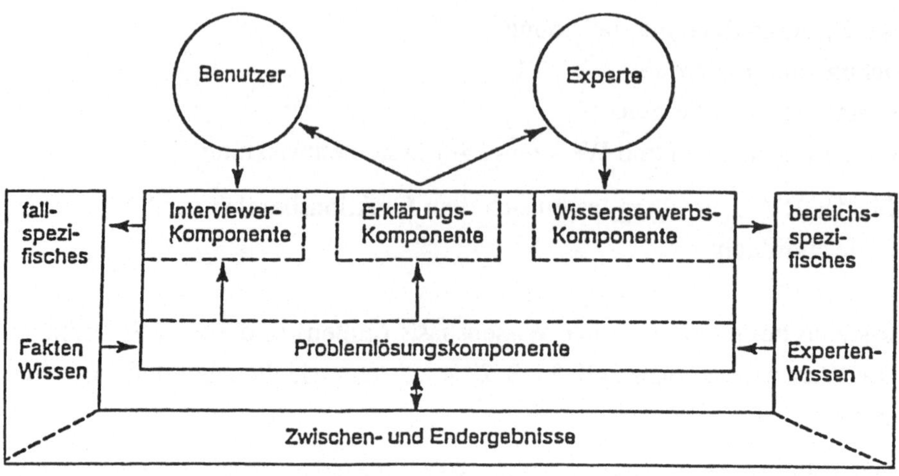

Abb. 6.1: Komponenten von Expertensystemen /PUP 86, S.2/

- die eingegebenen Fakten, das Expertenwissen sowie die Zwischen- und Endergebnisse werden von der Problemlösungskomponente bei Bedarf abgefragt,
- im Laufe der Konsultation werden Zwischen- und Endergebnisse erzeugt, die in der Wissensbasis festgehalten werden.

Trotz der eindeutigen Definition des Begriffs *Expertensystem* gibt es Probleme, konventionelle Anwendungen von Expertensystemen abzugrenzen, da erfolgreiche Systeme oft Mischsysteme sind. Außerdem neigen viele Vertriebsbeauftragte dazu, DV-Anwendungssysteme, die zur Entscheidungsunterstützung im weiteren Sinne zählen, als Expertensysteme zu bezeichnen, weil das zu vertreibende Produkt somit mehr Aufmerksamkeit erfährt /MER 86, S. 906/.

Das vorliegende Problem wurde aus folgenden Gründen in einer wissensbasierten Programmiersprache realisiert /vgl. SIE 86, S. 536f./:

- die konventionelle Programmierung orientiert sich sehr stark an der sequentiellen Abarbeitung, während Sprachen wie z.B. PROLOG das Wissen in einer vom Experten leichter zu verstehenden Art und Weise abbilden,

- die Verknüpfung einer größeren Zahl von Erfahrungsregeln ist mit konventioneller Progammierung aufwendiger,
- PROLOG-Programme sind besonders für Abfragesysteme sehr gut geeignet, da der Benutzer aufgrund seines Wissens bestimmt, welche Variablen er jeweils vorgibt und welche das System ermitteln soll /vgl. Abb. 6.5/,
- Expertensysteme sind zumindest im Sinne von Erweiterbarkeit lernfähig; das Einfügen neuer Regeln oder Fakten ist z.B. weitaus einfacher als bei der konventionellen Programmierung und
- mit Sprachen wie PROLOG läßt sich eine Erklärungskomponente, die in der Lage ist, das gewonnene Ergebnis näher zu erläutern, sehr komfortabel realisieren.

Bevor die Problemlösungskomponente näher erläutert wird, soll die Art der zu wählenden Wissensdarstellung (Wissenrepräsentation) beschrieben werden.

6.2 Wissensrepräsentation

Bei der Wissensrepräsentation wird zwischen der deklarativen und der prozeduralen Form unterschieden. Während die deklarativen Repräsentationsformen Sachverhalte beschreiben, z.B. 'die Liste (1,3,9,17) ist sortiert', beschreiben die prozeduralen Repräsentationsformen Verfahren zur Konstruktion, Verknüpfung und Anwendung von Wissen, z.B. eine Prozedur für den Quicksort-Sortieralgorithmus /vgl. RAU 82, S. 80/.

Zu den gebräuchlichsten Repräsentationsformen zählen:

- semantische Netze,
- Objekt-Attribut-Wert-Tripel (O-A-W-Tripel),
- Frames,
- logische Ausdrücke,
- Regeln.

Für den Entwickler eines Expertensystems stellt sich dabei gleichzeitig die Frage nach der formalen Sprache, in der das Wissen ausgedrückt werden soll.

Semantische Netze:
Sie stellen das allgemeinste Repräsentationsschema dar. Ein semantisches Netz ist eine Sammlung von Objekten, die als Knoten bezeichnet werden /vgl. Abb. 6.2/. Die Knoten sind miteinander durch Bögen oder Glieder verbunden.

Ein wesentlicher Vorteil der semantischen Netze ist ihre Flexibilität. Ein Nachteil zeigt sich jedoch bei der Behandlung von Ausnahmen. Im obigen Fall erweist sich z.B. die Einordnung eines PCs, der kein Diskettenlaufwerk hat, als schwierig /vgl. HAR 86, S. 41 ff./.

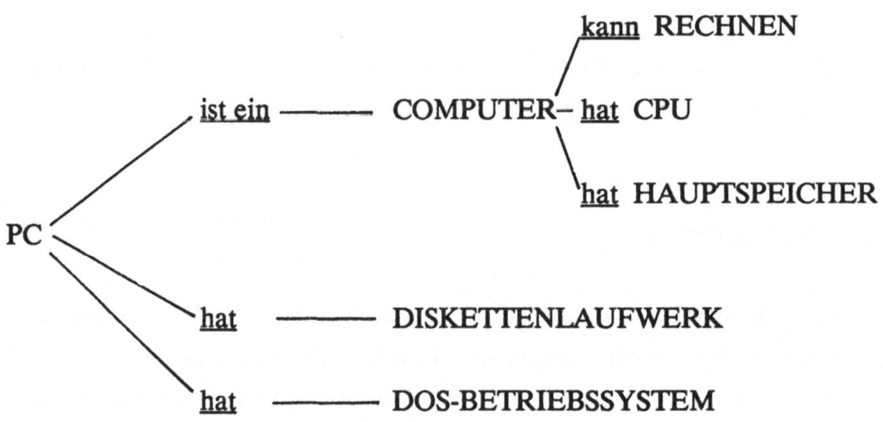

Abb. 6.2: Semantisches Netz

O-A-W-Tripel:

O-A-W-Tripel bilden einen Spezialfall der semantischen Netze /vgl. Abb. 6.3/.

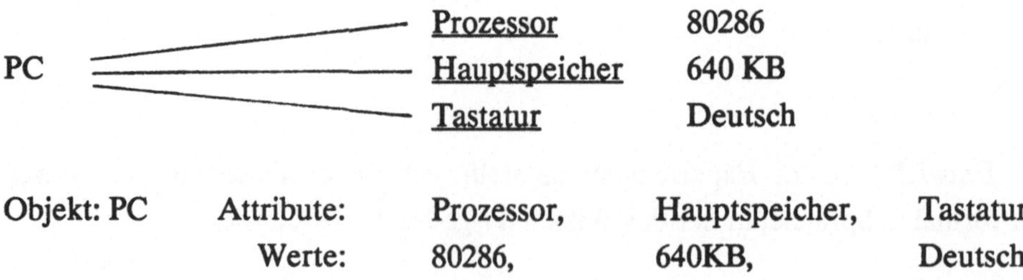

Abb. 6.3: O-A-W Tripel

Die O-A-W-Tripel sind leicht zu verstehen, da in ihnen das Wissen geordnet vorliegt /vgl. HAR 86, S. 55/.

Frames:

Frames bilden ebenfalls einen Sonderfall der semantischen Netze /vgl. Abb. 6.4/. Sie stellen Rahmen zur Abspeicherung von Wissen dar. Ein Frame besteht aus mehreren Slots (Abteilen), die jeweils ein Objekt näher beschreiben. In den Abteilen lassen sich Werte abspeichern. Sie können auch Vorgaben oder Vorbelegungen (default values) enthalten oder auch Zeiger auf andere Frames sowie Regeln und Prozeduren beinhalten. Damit bilden sie ein Konzept, in dem prozedurale und deklarative Aspekte des Wissens darstellbar sind /vgl. ZEL 86, S. 220/.

MATRIXDRUCKER	
SLOTS(Abteile)	Eintragungen
Besitzer	Fachbereich Wirtschaftswissenschaften
Hersteller	FUJITSU
Bezeichung	DPL24
Anzahl Nadeln	24
Schnittstellen	Centronics-Parallelschnittstelle RS-232-C-Schnittstelle
Druckgeschwindigkeit	Wenn nötig, Schriftqualität wählen und mit Tabelle X vergleichen
Anzahl Schriftarten	Wenn nötig, Druckeremulation wählen und mit Tabelle Y vergleichen
Preis	DM 5000,-

Abb. 6.4: Frame Matrixdrucker

Als Datenstrukturen bieten sich Listen an, die aus einer Aneinanderreihung von Elementen bestehen und deren Elemente selbst wieder Listen sein können. Damit lassen sich die Objekte anhand von Baumstrukturen beschreiben.

Für die Wissensrepräsentation in der Form von Frames ist insbesondere die Sprache LISP (**LIS**t-Processing-Language) geeignet. LISP wurde bereits 1958 am Massachusetts Institute of Technology (MIT) entwickelt und 1959 zum ersten Mal auf einem Rechner implementiert /vgl. SCE 83, S. 318 u. MER 87, S. 209f./.

Logische Ausdrücke:

Zur Erklärung der Wissensrepräsentation mit logischen Ausdrücken soll vorab der Unterschied der Aussagenlogik zur Prädikatenlogik verdeutlicht werden. Während erstere die Gültigkeit von Zusammenhängen zwischen Aussagen untersucht, beschäftigt sich die Prädikatenlogik durch Einführung von Prädikatensymbolen und Quantoren (wie z.B. *es gibt* oder *für alle*) verstärkt mit der inneren Struktur einer Aussage /vgl. BRE 87, S. 17/.

Beispiel: ist_ein("Laserdrucker","nicht mechanischer Drucker").

Es handelt sich hierbei um ein zweistelliges Prädikat, das zum Ausdruck bringt, daß ein Laserdrucker ein nicht mechanischer Drucker ist.

Um innerhalb der Prädikatenlogik eine Tatsache aussagen zu können, muß ihr Wert wahr oder falsch sein. Fakten nehmen dabei die Form logischer Ausdrücke an, die aus Prädikaten und dem Wert (wahr oder falsch) bestehen /vgl. HAR 86, S. 53f./. Aussagen können durch Aussageverbindungen wie z.B. UND, ODER, NICHT, IMPLIZIERT und ÄQUIVALENT miteinander verknüpft werden. "The major advantage of these representations [..] is, that they can be combined with simple, powerful inference mechanisms" /RIC 83, S. 201/.

Vorteile der Prädikatenlogik liegen vor allem in der Möglichkeit der exakten Definition von Aussagen und der Ausdrucksstärke. So läßt sich z.B. auch unvollständiges Wissen einfach darstellen (z.B. A oder B gilt, es ist aber nicht sicher, welches von beiden) /vgl. BRE 87, S. 17/.

Außerdem existiert mit der Sprache PROLOG (**PRO**gramming in **LOG**ic), wenn auch eingeschränkt, ein Sprachkonzept zur Prädikatenlogik, das die Möglichkeit bietet, Programme zu entwickeln, die eine Ansammlung prädikatenlogischer Ausdrücke darstellen /vgl. ZER 86, S. 189/.

Auf der anderen Seite muß festgehalten werden: "The objects in those representations are so simple that much of the complex world cannot be described easily" /RIC 83, S. 201/. Die Prädikatenlogik allein ist demnach nicht umfassend genug, da sie u.a. über kein Mittel verfügt, prozedurales Wissen abzubilden. Deshalb ist eine Kombination der Prädikatenlogik mit einer anderen Repräsentationsform - z.B. Regeln - erforderlich.

Regeln:

Sie können nicht nur zur deklarativen, sondern auch zur prozeduralen Wissensrepräsentation angewandt werden /vgl. RAU 82, S. 80/. Für die Wissensrepräsentation mit Regeln eignet sich in erster Linie die Sprache PROLOG. Die Prozeduren in PROLOG werden durch Regeln in der Form Hornscher-Klauseln dargestellt:

Beispiel: Gesamturteil	schlecht			
	wenn	Personalsteigerung	> 10	% und
		Veränderung Mitarbeiterzahl	< 5	%.

Viele Expertensysteme sind reine Regelsysteme mit mehreren tausend Regeln. Ihre Erweiterung ist relativ unproblematisch, da jede Regel und jedes Faktum elementare Wissensmodule bilden, die sich klar von anderen abgrenzen. Schwer zu kontrollierende Nebenwirkungen können somit nicht auftreten /vgl. ZEL 86, S. 209/.

Für die Analyse von Kennzahlen am ehesten geeignet ist die Wissensrepräsentation in der Form von Regeln, da Beurteilungen vorzunehmen sind, die aufgrund von Fakten gefällt werden, wobei jedes Urteil von mehreren Fakten abhängen kann.

Das EXARK-System wendet bei der Beurteilung der Personalkosten im Unternehmensbereich 'Anwendungsentwicklung' z.B. folgende Regeln an:

- **wenn** die Mitarbeiterentwicklung im gleichen Zeitraum über einen oberen Grenzwert gestiegen ist, **dann** wird die Skala entsprechend der Vorgaben verändert und die Kennzahl anhand der neuen Skala bewertet,
- **wenn** die Mitarbeiterentwicklung im gleichen Zeitraum unter einen unteren Grenzwert gefallen ist, **dann** wird die Skala anhand der Vorgaben verändert und die Kennzahl anhand der neuen Skala bewertet,
- **wenn** die Veränderung der Mitarbeiterentwicklung im Toleranzbereich bleibt, **dann** wird die Kennzahl anhand der vorhandenen Skala bewertet.

Gerade solche Regeln lassen sich in einer regelorientierten Sprache wie PROLOG sehr gut programmieren.

Bevor die Sprache PROLOG und ihr Ableitungsmechanismus näher erläutert werden können, ist zunächst die generelle Vorgehensweise der Ableitungsmechanismen zu beschreiben.

6.3 Problemlösungskomponente

Bei regelbasierten Systemen erfolgt die Steuerung der Ableitungsstrategie vorwärts- (data driven) oder/und rückwärtsgerichtet (goal-driven). Um den Unterschied zu verdeutlichen, sei ein Beispiel angeführt[21].

B und C seien wahr und es gelten die Regeln:

1. WENN B UND D UND E,	DANN F
2. WENN G UND D,	DANN A
3. WENN C UND F,	DANN A
4. WENN C,	DANN D
5. WENN D,	DANN E
6. WENN A,	DANN **H**.

Bei der Vorwärtsverkettung werden erst die Bedingungen überprüft und dann abgearbeitet:

Regel			WAHR
			B,C
4. C	-->	D	B,C,D
5. D	-->	E	B,C,D,E
1. B D E	-->	F	B,C,D,E,F
3. C F	-->	A	B,C,D,E,F,A
6. A	-->	**H**	B,C,D,E,F,A, **H**

[21] Entwickelt in Anlehnung an ein entsprechendes Beispiel von HENNINGS u. MUNTER /vgl. HEN 85, S. 102 ff./.

Bei der Rückwärtsverkettung wird hingegen zu Beginn die Hypothese aufgestellt, daß H gilt. Durch die Ableitung wird danach versucht, H zu beweisen. Dabei werden die Aktionen überprüft und die Bedingungen mit den gegebenen verglichen:

Regel			WAHR
			B,C
1	H	<-- A	
1.1	A	<-- G D	B,C
1.1.1		G ist unbekannt	
		Abbruch	
1.1	A	<-- C F	B,C
1.1.1		C ist wahr	
1.1.2	F	<-- B D E	
1.1.2.1		B ist wahr	
1.1.2.2	D	<-- C	
		C ist wahr	B,C,D
1.1.2.3	E	<-- D	
		D ist wahr	B,C,D,E,F,A,H

Besteht das System aus einigen tausend Regeln, so tritt häufig, wie im Fall 1.1, das Problem auf, zwischen mehreren möglichen Wegen entscheiden zu müssen. Bei der Abarbeitung durch den Rechner werden hierbei die beiden Vorgehensweisen depth-first search (Tiefensuche) und breadth-first search (Breitensuche) unterschieden. Die Vorgehensweisen der Verfahren lassen sich sehr gut anhand eines Baumes erklären /vgl. STD 83, S. 79 f./.

depth-first breadth-first

Die Suche im Baum erfolgt entsprechend der Numerierung der Knoten. Bei der Tiefensuche besteht die Gefahr, daß der Algorithmus sich fest fährt und sich damit sehr lange Suchzeiten ergeben können. Mit der Vereinbarung einer Maximaltiefe und dem Anordnen der häufigsten Fälle möglichst weit links im Baum kann ein Festfahren der Suche verhindert werden.

6.4 PROLOG - ein Werkzeug zur Erstellung von Expertensystemen

PROLOG wurde Anfang der 70er Jahre in Marseille von A. Colmerauer für Anwendungen im Bereich der Verarbeitung natürlicher Sprachen entworfen /vgl. EST 87, S. 67/. Mit der Entwicklung der Sprache PROLOG wurde darüber hinaus das Ziel verfolgt, eine Programmiersprache auf außerordentlich hohem Niveau zu kreieren. Die neue Sprache sollte eine schnelle Programmentwicklung erlauben, selbst auf die Gefahr hin, daß der Rechner bei der Ausführung sehr viel arbeiten muß /vgl. BAR 87, S. 225/. Der erste PROLOG-Interpreter wurde 1972 von Ph. Roussel ebenfalls in Marseille geschrieben. Er wurde in ALGOL entwickelt /vgl. EST 87, S. 71/.

PROLOG ist eine 'nicht-algorithmische', logische Programmiersprache, die in Japan zur Basissprache der fünften Rechnergeneration erklärt wurde /vgl. SCN 85, S. 46/. Eine Programmiersprache kann schon wegen der Ein- und Ausgabeprozeduren nicht streng logisch sein. Darum beinhaltet PROLOG einen gewissen Anteil Basiscode, der die prozeduralen Teile einer Operation steuert. "Die prozeduralen Aspekte von PROLOG sind jedoch minimal, und es ist daher durchaus möglich, PROLOG als ein streng logisches System zu betrachten" /HAR 86, S. 103/.

PROLOG wird im wesentlichen eingesetzt /vgl. SCN 83, S. 173/:

- als Sprache zur Entwicklung von Expertensystemen,
- als Spezifikationssprache und
- für rapid prototyping.

Vorteile von PROLOG sind die deklarative Formulierung der Aufgabenstellungen in Form von Fakten und Regeln sowie der feste Abarbeitungsmechanismus. Die sogenannte Inferenzmaschine befreit den Programmierer von der Festlegung des Ablaufs.

Der Benutzer gibt die Regeln und Fakten ein. Das somit nahezu ablauffähige Programm verlangt lediglich eine Zielvorgabe (goal), für die dann automatisch alle Lösungen gesucht werden. In dem Beispielprogramm /vgl. Abb. 6.5/ ist die Zielanfrage *gibinfo(_,"nicht mechanischer Drucker")*. Gesucht werden somit alle bekannten nicht mechanischen Drucker. Da das Prädikat *gibinfo* Ausgabebefehle enthält, werden die entsprechenden Kombinationen sogleich angezeigt.

Regel:

```
gibinfo(Drucker,Drucker-Typ):-
  ist_ein(Drucker,Drucker-Typ),
  write("Drucker: "), write(Drucker),nl,
  write("Drucker-Typ:"),write(Drucker-Typ),nl,nl,
  fail.
```

Fakten:

```
ist_ein("Typenrad","mechanischer Drucker").
ist_ein("Nadeldrucker","mechanischer Drucker").
ist_ein("Tintenstrahl","nicht mechanischer Drucker").
ist_ein("Thermodrucker","nicht mechanischer Drucker").
ist_ein("Laserdrucker","nicht mechanischer Drucker").
```

Zielanfrage:

```
?- gibinfo(_,"nicht mechanischer Drucker").
```

Ausgabe:

```
Drucker: Tintenstrahldrucker
Drucker-Typ: nicht mechanischer Drucker

Drucker: Thermodrucker
Drucker-Typ: nicht mechanischer Drucker

Drucker: Laserdrucker
Drucker-Typ: nicht mechanischer Drucker
```

Abb. 6.5: PROLOG Beispiel-Programm zur Bestimmung von Drukker/Drucker-Typ Paaren

Der Programmablauf läßt sich aufgrund der festen Ableitungsstrategie nur variieren, wenn die Reihenfolge, in der die Regeln angeordnet sind, verändert wird. Die einzige

Möglichkeit, einen Schleifenmechanismus zu implementieren, ist durch die Rekursion gegeben, die damit die wesentlichste Kontrollstruktur von PROLOG darstellt. Die Befreiung von der Festlegung des Ablaufs hat einerseits (bedingt durch die feste Abarbeitungsstrategie) oft ein 'schlechtes' Laufzeitverhalten zur Folge /vgl. APP 85, S. 121/. "Auf der anderen Seite kann eine 'geschickte' Festlegung der Reihenfolge ('erfolgsversprechende' Regeln möglichst nach oben) aber zu einer sehr raschen Abarbeitung führen /APP 85, S. 124/.

Ein PROLOG-Programm besteht aus:

- der Anfrage (goal) und
- der Datenbasis (clauses).

Letztere enthält sowohl Fakten als auch Regeln in der Form von Horn-Klauseln. Eine Horn-Klausel ist die logische Implikation der Form[22] :

$$\forall(X_1, \ldots, X_k)$$
$$H \ \text{<-}\ B_1 \ \& \ldots \& \ B_n, \qquad k >= 0, \quad 0 <= i <= n$$

wobei H und B_i atomare Formeln sind, in denen nur die Variablen $X_1, \ldots, X_k$ vorkommen dürfen. In PROLOG haben die Klauseln folgende Syntax:

$$H :- B_1, \ldots, B_n.$$

Der Ausdruck bedeutet: wenn B_1 und B_2 und ... B_n wahr sind, dann ist H ebenfalls wahr. H wird als **Head** (Kopf) und $B_1, \ldots, B_n$ werden als **Body** (Rumpf) der Klausel bezeichnet. Klauseln, deren Body immer true (wahr) ist, sind Einheitsklauseln bzw. **Facts**. Bei ihnen kann der Body entfallen. In PROLOG werden Variablen als Folge von alphanumerischen Zeichen, beginnend mit einem Großbuchstaben, notiert.

Die in PROLOG zur Verfügung stehende Datenstruktur ist der Term. Er ist entweder eine Konstante, eine Variable oder ein zusammengesetzter Term. Letzterer ist eine Struktur oder eine Liste, die aus einem Funktor und seinen Argumenten gebildet wird.

[22] Die folgenden Begriffsklärungen sind in Anlehnung an ESTENFELD verfaßt /vgl. EST 87, S. 68 f./.

Beispiel:

Der Funktor des Terms *suche(Vater,Wertung,Sohn)* ist **suche**, die Argumente sind **Vater**, **Wertung** und **Sohn**. Die Stelligkeit eines Funktors wird durch die Anzahl der Argumente bestimmt (die Stelligkeit des Funktors *suche* ist drei). Funktoren unterschiedlicher Stelligkeit werden i.d.R. unterschieden, d.h.:

- suche(Vater,Wertung) ist ein anderer Term als
- suche(Vater,Wertung,Sohn).

Die Anfrage (goal) gibt den Anstoß zur Überprüfung einer Klausel. Sie kann Bestandteil des Programms sein oder vom jeweiligen Benutzer formuliert werden. Das System versteht sie als logische Aussage, die anhand von anderen - in dem Programm und in 'konsultierten' Dateien abgelegten - Aussagen zu beweisen ist /vgl. SCN 83, S. 173/.

Ist die Antwort *nein*, so bedeutet das nicht, daß die Aussage logisch falsch ist, sondern nur, daß sie sich nicht mit dem bereitgestellten Wissen beweisen läßt.

Ist eine Anfrage gescheitert (**fail**), aber eine weitere Lösung möglich, dann nimmt der Interpreter wieder den Zustand ein, den er vor der letzten erfolgreich bearbeiteten Bedingung innehatte und schlägt anschließend den nächsten Lösungsweg automatisch ein /vgl. SCN 85, S. 47/. Die Vorgehensweise wird als *backtracking* bezeichnet.

Falls die Abarbeitung erfolgreich war, eine weitere Lösung aber gewünscht wird, muß das bearbeitete goal als letzten Term den Term fail erhalten.

Eine weitere Kontrollstruktur von PROLOG ist der **Cut**. Abbildung 6.6 zeigt die Funktion des Cut am Beispiel einer Programmschleife. Die Protokollierung des Ablaufs verdeutlicht, daß durch den Cut in der Anweisung - *schleife(3):- !.* - das Backtracking abgebrochen wird, wenn der Schleifenzähler beim Backtracking den Wert 3 erhält. War das zuletzt bearbeitete goal ein Cut (! ist das Symbol für einen Cut), wird zum Parent-goal (hier: *schleife()*) zurückgegangen. Als **Parent-goal** wird das goal bezeichnet, das mit dem Head der Klausel unifiziert wurde, in deren Body sich das aktuelle goal befindet. Es werden zuerst die dort gebundenen Variablen gelöst und im Anschluß wird mit dem letzten vor dem Parent-goal bearbeiteten goal weitergearbeitet /vgl. EST 87, S. 69/.

Programm:

```
schleife(I):-
        J is I+1,
        J < 5,
        schleife(J).

schleife(3):- !.
```

Trace:

```
Prolog-2 V1.20 TLI                    debug: common        Insert

    (11) 4 CALL: _1952 is 4+1?
    (11) 4 EXIT: 5 is 4+1
    (12) 4 CALL: 5<5?
    (12) 4 FAIL: 5<5
    (11) 4 REDO: 5 is 4+1?
    (11) 4 FAIL: _1952 is 4+1
    (10) 3 FAIL: schleife(4)
    (9) 3 REDO: 4<5?
    (9) 3 FAIL: 4<5
    (8) 3 REDO: 4 is 3+1?
    (8) 3 FAIL: _1624 is 3+1
    (7) 2 EXIT: schleife(3)
    (4) 1 EXIT: schleife(2)
    (1) 0 EXIT: schleife(1)
```

Abb. 6.6: Die Funktion Cut (!) am Beispiel einer Programmschleife in PROLOG

Enthält das goal Variablen, so versucht das System, sie zu binden (unifizieren), um eine wahre Aussage zu erzeugen. Welche Parameter dabei vorgegeben werden (Input-Parameter) und welche gesucht werden (Output-Parameter), bestimmt die Form des goal, das es zu bearbeiten gilt. "There is no distinction between input variables and output variables" /SHI 82, S. 130/. Am Beispiel-Programm zur Drucker/Drucker-Typen Zuordnung /vgl. Abb. 6.5/ wird im folgenden beschrieben, für welche verschiedenen Abfragen sich das Programm - ohne Veränderung des Programmcodes - einsetzen läßt:

- gibinfo("Laserdrucker",_).
  Der Drucker-Typ des Laserdruckers wird bestimmt.
- gibinfo(_,"nicht mechanischer Drucker").
  Alle nicht mechanischen Drucker werden aufgelistet.
- gibinfo("Laserdrucker","nicht mechanischer Drucker").
  Es wird geprüft, ob der Laserdrucker ein nicht mechanischer Drucker ist.
- gibinfo(_,_).
  Alle Drucker/Drucker-Typen Beziehungen werden angezeigt.

Damit kann PROLOG auch als ein intelligentes Datenbanksystem aufgefaßt werden /vgl. SCN 83, S. 173/. Die Auswertungsstrategie von PROLOG ist demnach bestimmt durch die Eigenschaften:

- zielgerichtet,
- rückwärtsverkettet (backtracking) und
- depth-first search /vgl. MES 85, S. 96/.

Man unterscheidet zwei Formen der semantischen Interpretation von PROLOG-Programmen - eine deklarative und eine prozedurale /vgl. EST 87, S. 68/:

Deklarativ:

für alle $X_1, \ldots, X_k$ gilt: $n > 0$, H ist wahr, wenn B_1 und ... B_n wahr sind,
$n = 0$, H ist wahr.

Prozedural:

Um ein goal zu lösen, das mit H unifiziert werden kann, löse die Body-goals B_1 bis B_n.

Für weitere Erläuterungen zur Sprache PROLOG sei abschließend auf das Buch von CLOCKSIN und MELLISH verwiesen /vgl. CLO 84/.

7 Entwurf des Expertensystems EXARK

7.1 Anforderungen an ein Expertensystem zur Kennzahlenanalyse

Aus der allgemeinen Definition lassen sich die speziellen Anforderungen an ein Expertensystem zur Kennzahlenanalyse ableiten.

Das System muß

- das in den Dateien gespeicherte Wissen schnell wiedergeben,
- dem Benutzer die Möglichkeit bieten, seinen Wünschen entsprechend Fragen stellen zu können,
- seine Lösungen (hier: Bewertungen) erklären und
- in der Lage sein, weiteres Wissen zu erwerben.

Die Lösungen sind hier das Ergebnis der Bewertung der prozentualen Abweichung einer Position vom jeweiligen Vergleichs-Wert. Beim Zeit-Vergleich wird die Differenz des Ist-Wertes zum Vorjahres- oder Vormonats-Wert ermittelt, beim Plan/Ist-Vergleich bildet der Plan-Wert den Vergleichs-Wert. Die Kennzahlenbewertung sollte anhand einer Skala erfolgen, die in unterschiedliche Bereiche aufgeteilt wird. HUBER wählte z.B. für die Analyse von Bankfilialen eine Skala, die die Bewertungen schlecht, durchschnittlich und gut vorsieht /vgl. HUB 85, S. 17/. Eine Erweiterung der Skala um die Bewertungen sehr schlecht und sehr gut ist zur Detaillierung der Ergebnisse angebracht /vgl. Abb. 7.1/.

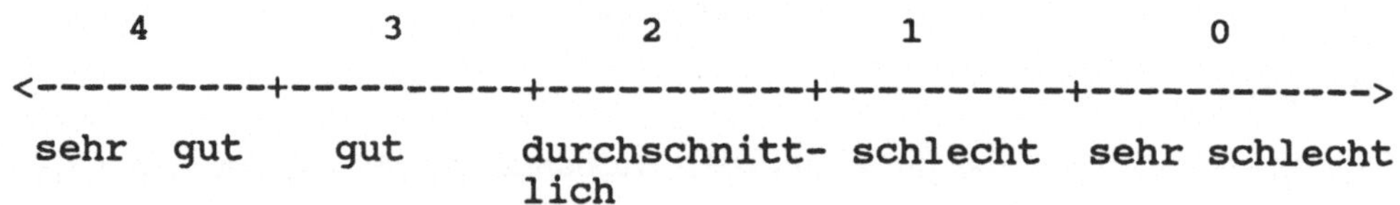

Abb. 7.1: Bewertungsskala

Zu jeder Position sind die Bewertungsergebnisse (in Textform) und die %-Abweichungen anzuzeigen. Der Anwender muß zudem die Möglichkeit haben, für eine Position (Vater-Kennzahl) andere Positionen (Sohn-Kennzahlen), die die Entwicklung der Vater-Kennzahl beeinflussen, als Erklärungshilfen bestimmen zu können. Sie sollten zusammen mit der Vater-Kennzahl auf dem Bildschirm erscheinen. Dabei ist die Entwicklung der Vater-Kennzahl mit der Entwicklung der Sohn-Kennzahl zu vergleichen, zu beurteilen und anzuzeigen (z.B. wesentlich schlechter waren ...). Auf eine erneute Angabe der absoluten Werte kann verzichtet werden, da

- der Bildschirm sonst mit Daten übersättigt würde,
- das Datenvolumen für eine PC-Anwendung zu groß würde,
- die absoluten Werte sich sehr gut in dem Kalkulationsprogramm abfragen lassen,
- das Kalkulationsprogramm die Möglichkeit bietet, Ergebnisse graphisch zu veranschaulichen.

Damit der Anwender seinen Wünschen entsprechend Fragen stellen kann, ist eine Abfragemöglichkeit zu programmieren, die ihm eine leere Eingabemaske, die alle Felder eines Datensatzes enthält, bereitstellt. Anschließend sind hier die Auswahlkriterien einzugeben. Bei numerischen Werten ist dabei nicht nur die Abfrage auf Gleichheit, sondern auch auf 'größer/kleiner' zu gestatten.

Die Erklärungskomponente eines Expertensystems zur Kennzahlenanalyse muß jederzeit in der Lage sein, die vorgenommene Bewertung begründen zu können. Bei der Eingabe von neuen Bewertungsskalen sollten außerdem zu den gestellten Fragen Erläuterungen abrufbar sein.

Die Anforderung nach einer Wissenserwerbskomponente zielt bei der vorliegenden Anwendung einerseits darauf ab, daß man neue Bewertungsskalen selbst eingeben kann. Das System muß dazu in der Lage sein, aufgrund der Antworten, die es auf die gestellten Fragen erhält, die Skalen zu entwickeln. Andererseits ist eine Option vorzusehen, die es gestattet, für jede Kennzahl nicht quantifizierbare Informationen in Textform zu hinterlegen.

Die anschließende Programmbeschreibung zeigt auf, daß EXARK den obigen Anforderungen vollständig gerecht wird. Der funktionale Aufbau der dazu erstellten PROLOG-Programme wird nunmehr näher beschrieben.

7.2 Programmbeschreibung zur Kennzahlenanalyse

7.2.1 Überblick

Das in PROLOG erstellte Programm unterstützt den Anwender bei der Analyse der DV-Abteilung. Der Umgang mit dem System ist leicht zu erlernen, da es menüartig aufgebaut ist.

Das Hauptmenü setzt sich aus folgenden Funktionen zusammen:

- Bereichsanalyse,
- Unternehmensanalyse,
- Hilfestellung (TUTORIAL),
- Sprung in das Betriebssystem (DOS),
- alphabetisches Sortieren der Kennzahlenbezeichnungen,
- Bestimmen von Kennzahlenbeziehungen,
- Neubewertung aller Kennzahlen,
- Entwerfen neuer Bewertungsskalen.

Die Option *Hilfestellung* beinhaltet eine Textdatei, die eine Kurzbeschreibung der einzelnen Programm-Funktionen enthält.

Der *Aufruf des Betriebssystems* erlaubt einen Rücksprung in das Betriebssystem. Mit dem Kommando *Exit* kann jederzeit wieder in das Expertensystem zurückverzweigt werden.

Die *alphabetische Sortierung* der Kennzahlenbezeichnungen wird mit dem Quicksort-Verfahren von C.A.R. Hoare vorgenommen /vgl. CLO 84, S. 157/. Eine erneute Sortierung ist erforderlich, wenn an dem Aufbau des Kennzahlensystems Veränderungen z.B. durch das Herausnehmen oder Hinzufügen von Kennzahlen vorgenommen wurden.

Mit der Funktion *Bestimmen von Kennzahlenbeziehungen* steuert der Anwender die Bereichsanalyse. Dazu gibt er die Vater-Kennzahl an und wählt anschließend die Sohn-Kennzahlen aus, die dann bei einer Analyse des 'Vaters' ebenfalls angezeigt werden. Sollte die Eingabe fehlerhaft sein oder wird es gewünscht, einen Kennzahlenverbund zu entfernen, so ist die Option *Löschen* zu wählen.

7.2.2 Die Analyse der Kennzahlen

Die eigentliche Analyse teilt sich in die *Unternehmens-* und die *Bereichsanalyse* auf. Damit ist das Betrachten der Ergebnisse sowohl aus der Sicht eines Bereichs als auch der Unternehmensführung erlaubt. Als Erklärungsgrundlage für die Unternehmensanalyse wird die Aufteilung einer Kennzahl auf die einzelnen Abteilungen verwendet. Die Unterschiede zwischen den beiden Sichtweisen werden an dem nachfolgenden Beispiel deutlich.

Unternehmensanalyse

Bei der Beurteilung der Gesamtkosten von VE werden zusätzlich folgende Kennzahlen angezeigt /vgl. Abb. 7.2/:

- die Bewertung der Gesamtkosten VDE,
- die Bewertung der Gesamtkosten VEA,
- die Bewertung der Gesamtkosten VER,
- die Bewertung der Gesamtkosten VOU,
- die Bewertung der Gesamtkosten VKO,
- die Bewertung der Gesamtkosten VSONST.

Bereichsanalyse

Bei der Beurteilung der Gesamtkosten von VE werden zusätzlich folgende Kennzahlen angezeigt /vgl. Abb. 7.3/:

- die Bewertung der Persk VE,
- die Bewertung der Maschk VE,
- die Bewertung der Sonstk VE,
- die Bewertung der Umlagen VE.

Das Programm bietet in beiden Fällen die im Anschluß genannten Abfragemöglichkeiten /vgl. Abb. 7.4/:

- Anzeigen aller Informationen über eine Position,
  - Option *Kennzahl*;
- Anzeigen aller Positionen, die bestimmte Kriterien erfüllen,
  - Option *allg. Abfrage*.

Wurde die Option *Kennzahl* gewählt, erscheint nach einigen Sekunden ein neues Fenster, das die vorhandenen Kennzahlenbezeichnungen in alphabetischer Reihen-

```
Zeitvergleich (Jahr-Vorjahr):      Erklaerung fuer 1985
-----------------------------      ------------------
                                   => wesentlich besser beurteilt werden
Position = Gesamtkosten             Gesamtkosten= sehr gut       Ver.= -10%
Bereich  = KVE                      2% von Gesamtkosten VE       Bereich = KVDE
% Ver83  = 9
Wertung83= schlecht                => besser beurteilt werden
% Ver84  = 15                       Gesamtkosten= gut            Ver.= -2%
Wertung84= sehr schlecht            29% von Gesamtkosten VE      Bereich = KVEA
% Ver85  = 3
Wertung85= durchschnitt            => genauso beurteilt werden
                                    Gesamtkosten= durchschnitt   Ver.= 3%
Skala    = 2                        45% von Gesamtkosten VE      Bereich = KVER

                                   => schlechter beurteilt werden
                                    Gesamtkosten= schlecht       Ver.= 10%
                                    10% von Gesamtkosten VE      Bereich = KVOU

                                   => wesentlich schlechter beurteilt werden
                                    Gesamtkosten= sehr schlecht Ver.= 10%
                                    9% von Gesamtkosten VE       Bereich = KVKO
Pause bis Taste oder
F2=Erklaer. F3=Skala Esc=Ende                             Fortsetzung
```

Abb. 7.2: Unternehmensanalyse Gesamtkosten VE

```
Zeitvergleich (Jahr-Vorjahr):
-----------------------------      Erklaerung fuer 1985
                                   ------------------
Position = Gesamtkosten            => genauso beurteilt werden
Bereich  = KVE                      Persk       = durchschnitt  Ver. = 5%
% Ver83  = 8                        36% von Gesamtkosten        Bereich = KVE
Wertung83= schlecht
% Ver84  = 13                      => schlechter beurteilt werden
Wertung84= sehr schlecht            Maschk      = schlecht      Ver. = 10%
% Ver85  = 3                        35% von Gesamtkosten        Bereich = KVE
Wertung85= durchschnitt
                                   => wesentlich besser beurteilt werden
Skala    = 2                        Sonstk      = sehr gut      Ver. = -7%
                                    25% von Gesamtkosten        Bereich = KVE

                                   => wesentlich besser beurteilt werden
                                    Umlagen     = sehr gut      Ver. = -11%
                                    4% von Gesamtkosten         Bereich = KVE

Pause bis Taste oder
F2=Erklaer. F3=Skala Esc=Ende
```

Abb. 7.3: Bereichsanalyse Gesamtkosten VE

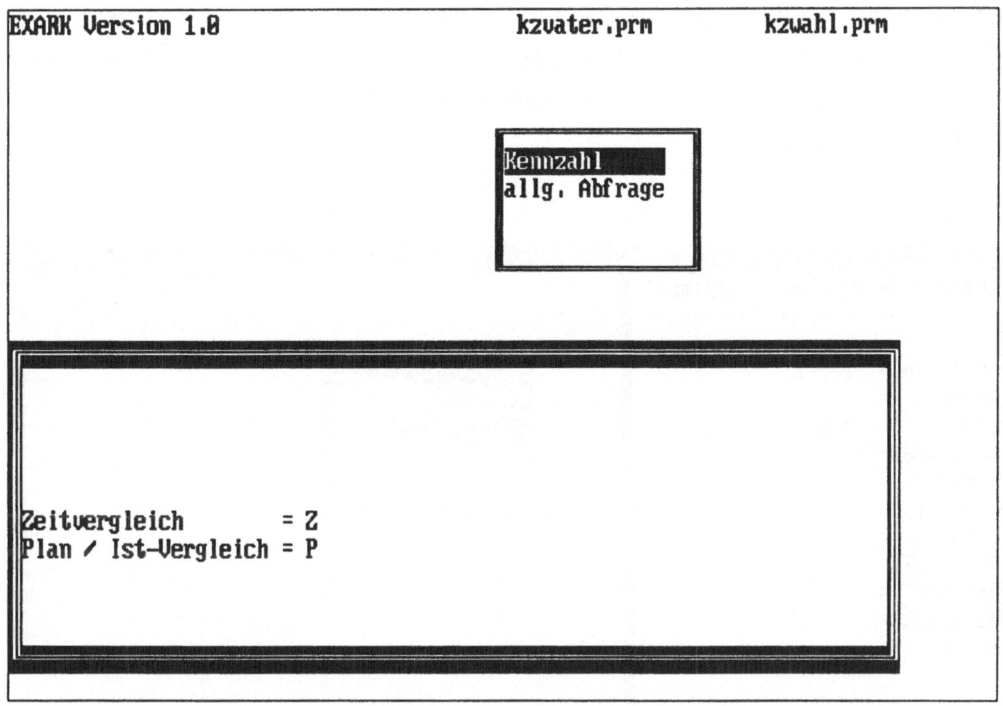

Abb. 7.4: Option 'Kennzahl' und Option 'allg. Abfrage'

folge anzeigt. Da nicht alle Positionen auf eine Bildschirmseite passen, können die weiteren Ausdrücke durch Anwahl des zweiten Fensters zur Anzeige gebracht werden. Mit den Pfeiltasten bewegt sich der Benutzer auf dem Bildschirm und wählt so die Kennzahl aus, die analysiert werden soll.

Im Anschluß werden alle Kennzahlen, die die ausgewählte Bezeichnung tragen, vom System gefunden und nacheinander angezeigt. Ist eine Position in mehreren Unter-Kennzahlensystemen enthalten, werden bei der Bereichsanalyse die Daten hierzu hintereinander im linken Bildschirmfenster aufgelistet.

Die Option *allg. Abfrage* erlaubt Nachforschungen nach weiteren Gesichtspunkten. In eine leere Eingabemaske /vgl. Abb. 7.5/ lassen sich mehrere - mit einem logischen UND verknüpfte - Auswahlkriterien eingeben. Bei den numerischen Werten kann außerdem einer der Vergleichsoperatoren (<) oder (>) verwendet werden. Anschließend werden alle Positionen ausgegeben, die den vorgegebenen Kriterien entsprechen /vgl. Abb. 7.6/. Somit verfügt der Anwender über sehr komfortable Abfragemöglichkeiten.

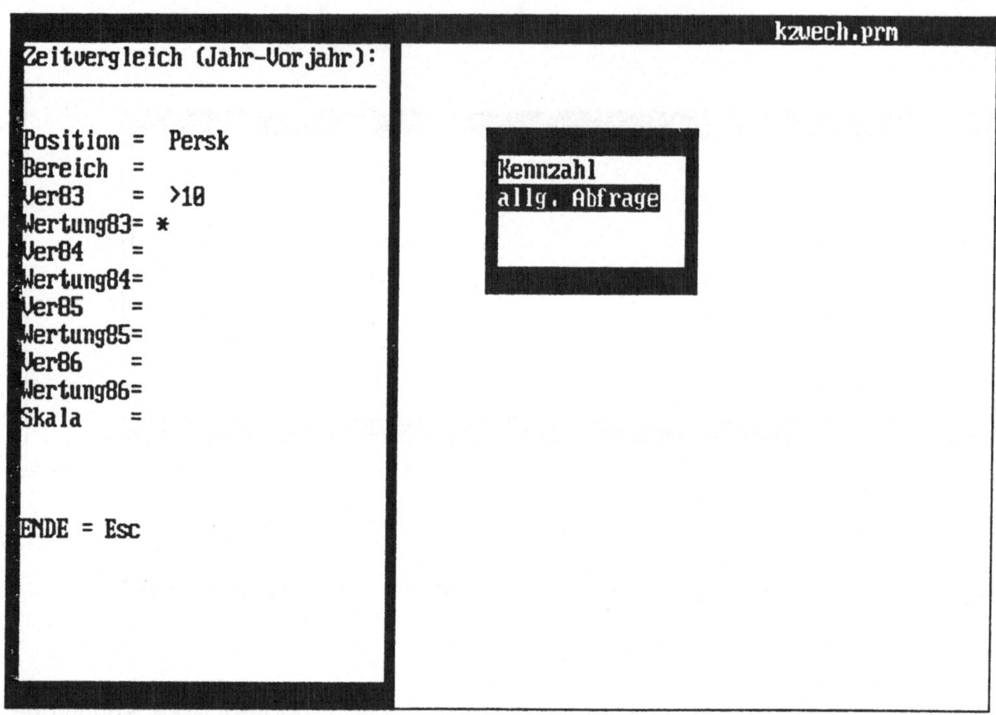

Abb. 7.5: Eingabemaske bei der Option 'allg. Abfrage'

Da die numerischen Werte allein nur ein eingeschränktes Bild von der DV-Abteilung geben, muß eine **Informationskomponente** vorhanden sein, die auf Anfrage zusätzliche Informationen zu den gefundenen Werten liefert /vgl. Abb. 7.6/. Bei der Anzeige der Maschinenkosten für das Rechenzentrum ist es z.B. angebracht, daß die jeweilige HW-Ausstattung ebenfalls abgerufen werden kann. Da derartige Sachverhalte ständigen Veränderungen unterliegen, besteht die Möglichkeit, den jeweiligen Text zu verändern. Dazu wurde ein eigener **Editor** programmiert, der eine komfortable Eingabe gestattet. Er erlaubt neben der eigentlichen Eingabe das Löschen und Einfügen von Zeilen.

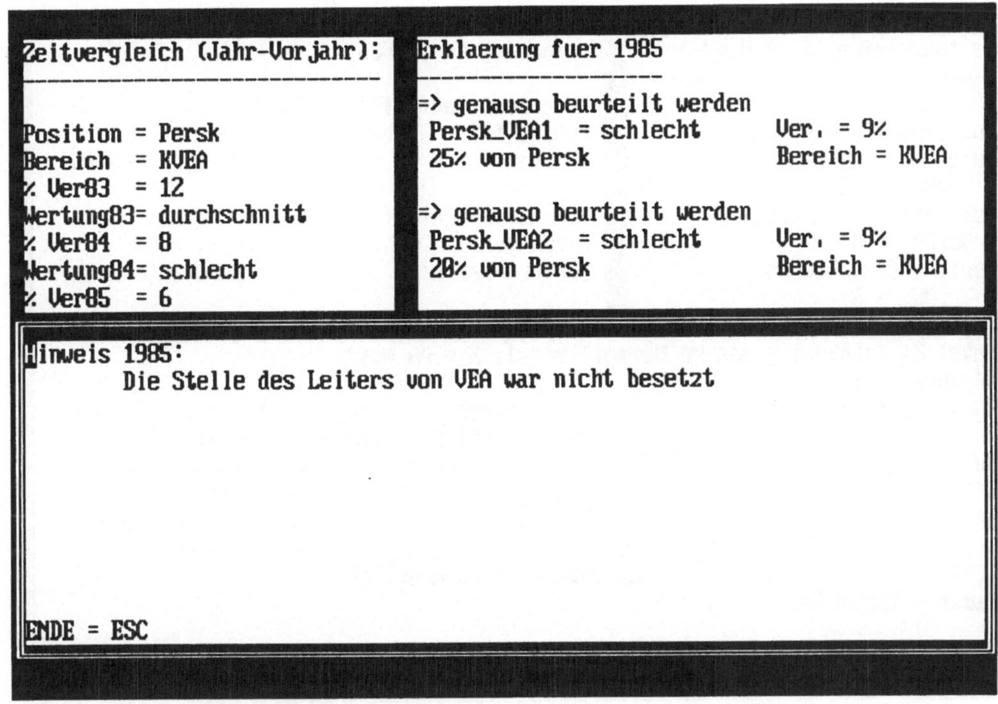

Abb. 7.6: Anzeige des Textfensters

Die **Erklärungskomponente** stellt die Bewertungsskala und die dazugehörigen Grenzwerte verständlich dar. Sie zeigt jeweils die Bewertungsskala an, die bei der **aktuell** abgefragten Kennzahl zum Einsatz kam. Wird die Kennzahlbewertung auch von der Entwicklung einer anderen Kennzahl beeinflußt, so ist es möglich, daß die Bewertungsskala für eine Kennzahl in den einzelnen Perioden unterschiedlich ist. Die Erklärung hierzu verdeutlicht Abbildung 7.7. Auf den Aufbau solcher Bewertungsskalen wird im Kapitel 7.2.3 detailliert eingegangen.

Soll eine angewählte Programmfunktion nicht ausgeführt werden, ist ein **Rücksprung** oder das Verlassen des Programms über eine Funktionstaste jederzeit erlaubt.

Sind Sohn-Kennzahlen für den 'Vater' definiert, werden die 'Söhne' auf der rechten Bildschirmhälfte aufgelistet. Außerdem wird in solchen Fällen untersucht, inwieweit

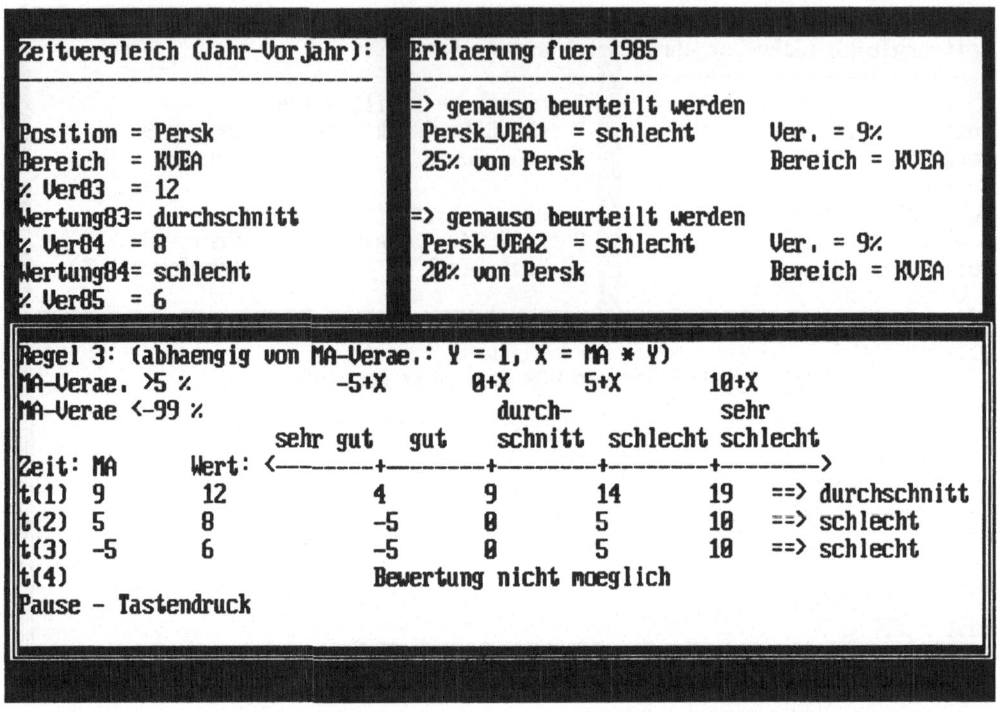

Abb. 7.7: Funktion 'Skala' für die Bewertung der Persk KVEA

die Sohn-Bewertung von der Vater-Bewertung abweicht (Text: wesentlich schlechter, schlechter, genauso, besser, wesentlich besser beurteilt werden) /vgl. Abb. 7.2 u. 7.3/. Bildet die Sohn-Kennzahl einen Teilwert eines 'Vaters', wird zudem der durchschnittliche Anteil der Sohn-Kennzahl an ihm angezeigt. Das Ergebnis stützt sich bewußt nur auf den Vergleich der beiden Bewertungen. Die Bewertung des 'Vaters' wird demnach nicht aus den Bewertungen der 'Söhne' berechnet. Damit bleibt der Anwender flexibel in der Wahl der 'Vater-Sohn-Beziehungen'. Nachteilig ist allerdings, daß bei einer oberflächigen Interpretation und wenn fälschlicherweise angenommen wird, daß das Urteil über den Vater direkt aus den Sohn-Kennzahlen abgeleitet wird, der Eindruck entstehen kann, es läge eine falsche Bewertung vor. Im praktischen Einsatz können die Ursachen dafür sowohl durch eine nähere Analyse der Sohn-Kennzahlen als auch durch das Abrufen von zusätzlichen Textinformationen erkannt werden. In der vorliegenden Version konnte daher auf eine Konsistenzprüfung verzichtet werden. Trotzdem bleibt zu begründen, warum die Bewertung nicht direkt aus den Sohn-Kennzahlen berechnet wird. Bevor auf die Nachteile der **direkten Bewertung** des 'Vaters' durch die 'Söhne' eingegangen werden kann, müssen zunächst die verschiedenen 'Vater-Sohn-Beziehungen' klassifiziert werden und es ist zu diskutieren, ob die Ergebnisse überhaupt auf Konsistenz überprüft werden können.

Bei den 'Vater-Sohn-Beziehungen' ist zwischen

a) Sohn-Kennzahlen, die rechnerisch Teilwerte der Vater-Kennzahl sind,
b) Sohn-Kennzahlen, die zwar rechnerisch die Vater-Kennzahl bilden, bei denen die Rechenvorschrift aber nicht oder nicht allein die Addition ist, und
c) Sohn-Kennzahlen, die nur sachlogisch zusammengehören,

zu unterscheiden /vgl. Abb. 7.8 - 7.10/.

Ob eine Diskrepanz zwischen der Bewertung der Sohn-Kennzahlen und der Vater-Kennzahl vorliegt, kann in den Fällen b) und c) nur ein Experte anhand der vorliegenden Konstellation entscheiden, da anderen Anwendern das Ausmaß der Zusammenhänge unbekannt sein dürfte. Das System müßte daher im praktischen Einsatz um Regeln erweitert werden, die vom Experten zu bestimmen sind und das Erkennen einer unstimmigen Bewertung erlauben. Dabei wäre zu gewährleisten, daß in ähnlichen Fällen automatisch auf Diskrepanzen hingewiesen wird und alle Anwender mit dem Experten hinsichtlich der Anforderungen an die Konsistenz der Ergebnisse übereinstimmen. Das Verfahren ist aufgrund der Vielzahl der Kennzahlen unverhältnismäßig aufwendig, zumal die Entscheidungsregeln für eine Konsistenzprüfung vielfach nicht nur von der Verknüpfungsart, sondern auch von den einzelnen Kennzahlen bestimmt werden.

Wären alle Sohn-Kennzahlen Teilwerte des 'Vaters' (Fall a)), ließe sich eine Prüfung auf Abweichungen leichter realisieren. Gründe für scheinbare und wirkliche Unstimmigkeiten könnten dann nur noch

- eine fehlende Kennzahl,
- eine falsche Kennzahl,
- die Anwendung unterschiedlicher Bewertungsskalen für die Sohn-Kennzahlen und die Vater-Kennzahl und
- die unterschiedliche Bedeutung der einzelnen Sohn-Kennzahl (verschiedene Anteile) für die Vater-Kennzahl

sein.

```
Zeitvergleich (Jahr-Vorjahr):        Erklaerung fuer 1984
-----------------------------        --------------------
                                     => wesentlich besser beurteilt werden
Position = Sonstk                     Sonstk       = sehr gut       Ver.= -46%
Bereich  = KVE                        1% von Sonstk VE              Bereich = KVDE
% Ver83  = 23
Wertung83= sehr schlecht             => wesentlich besser beurteilt werden
% Ver84  = 18                         Sonstk       = gut            Ver.= -4%
Wertung84= sehr schlecht              36% von Sonstk VE             Bereich = KVEA
% Ver85  = -7
Wertung85= sehr gut                  => besser beurteilt werden
                                      Sonstk       = schlecht       Ver.= 11%
Skala    = 5                          40% von Sonstk VE             Bereich = KVER

                                     => wesentlich besser beurteilt werden
                                      Sonstk       = sehr gut       Ver.= -6%
                                      7% von Sonstk VE              Bereich = KVOU

                                     => genauso beurteilt werden
                                      Sonstk       = sehr schlecht Ver.= 33%
                                      5% von Sonstk VE              Bereich = KVKO
Pause bis Taste oder
F2=Erklaer. F3=Skala Esc=Ende                                  Fortsetzung
```

Abb. 7.8: Sohn-Kennzahlen, die durch Addition die Vater-Kennzahl bilden (Fall a))

```
Zeitvergleich (Jahr-Vorjahr):
-----------------------------        Erklaerung fuer 1984
                                     --------------------
Position = Persk                     => wesentlich besser beurteilt werden
Bereich  = KVE                        Persk/MA     = gut            Ver. = 2%
% Ver83  = 9                          0% von                        Bereich = KVE
Wertung83= schlecht
% Ver84  = 12                        => besser beurteilt werden
Wertung84= sehr schlecht              MA           = schlecht       Ver. = 10%
% Ver85  = 5                          0% von                        Bereich = KVE
Wertung85= durchschnitt

Skala    = 2

Pause bis Taste oder
F2=Erklaer. F3=Skala Esc=Ende
```

Abb. 7.9: Sohn-Kennzahlen, die rechnerisch verknüpft sind - außer durch Addition - (Fall b))

```
Zeitvergleich (Jahr-Vorjahr):          Erklaerung fuer 1983
----------------------------           --------------------
                                       => wesentlich schlechter beurteilt werden
Position = HW-GrundKO                   TPs          = sehr schlecht Ver. = 30%
Bereich  = KVER                         0% von                 Bereich = KVER
% Ver83  = 3
Wertung83= sehr gut
% Ver84  = 25
Wertung84= sehr schlecht
% Ver85  = -8
Wertung85= sehr gut

Skala    = 8

Pause bis Taste oder
F2=Erklaer. F3=Skala Esc=Ende
```

Abb. 7.10: Sohn-Kennzahl, die nur aus sachlogischen Gründen dem Vater untergeordnet ist (Fall c))

Die ersten beiden Fälle könnten durch Fehlerroutinen erkannt werden. Um Unstimmigkeiten zu vermeiden, die auf verschiedene Bewertungsskalen für den 'Vater' und die 'Söhne' zurückzuführen sind, müßte sichergestellt werden, daß eine neue Kennzahlenbeziehung nur aufgebaut werden kann, wenn die gleichen Bewertungsskalen angewendet werden. Damit wäre jedoch eine freie Wahl der Kennzahlenbeziehungen nicht mehr gegeben.

Sind die Unstimmigkeiten auf unterschiedliche Anteile der Sohn-Kennzahlen an dem 'Vater' zurückzuführen, liegt im allgemeinen nur ein scheinbarer Widerspruch vor, dessen Ursachen aber auch in der vorliegenden Programmversion ohne weiteres erkennbar sind, da die Anteile der Sohn-Kennzahlen an der Vater-Kennzahl immer angezeigt werden.

Die **direkte Bewertung** der Vater-Kennzahl aus den Sohn-Kennzahlen ist demnach unproblematisch, sofern die 'Söhne' einen Teilwert des 'Vaters' darstellen (Fall a)). Das Verfahren hat allerdings einige entscheidende Nachteile in den beiden anderen

Fällen. Ein Experte müßte bei einer Anwendung der direkten Bewertung für jede Kennzahlenbeziehung, die den Fällen b) oder c) zuzuordnen ist, die Berechnungsvorschrift selbst bestimmen, da sie sich nicht direkt aus der Vater-Sohn-Beziehung ableiten läßt. Darüber hinaus sind die entwickelten Algorithmen für jeden Vergleich zu überprüfen, da sich die Verbindungen im Zeitablauf verändern. Zu berücksichtigen ist auch, daß unterschiedliche Experten sicherlich verschiedene Algorithmen für die Bewertungsvorschrift vorschlagen, so daß andere Anwender in den Fällen b) und c) weiterhin den Eindruck gewinnen können, einige Ergebnisse seien unstimmig. Außerdem dürfte nur ein Experte weitere 'Vater-Sohn-Beziehungen' definieren. Ansonsten bestünde die Gefahr, daß für eine Kennzahl unterschiedliche Bewertungen ermittelt werden.

Abschließend ist festzuhalten, daß die praktische Anwendung der beschriebenen Alternative für die vorliegende Analyse vor allem deshalb als nicht akzeptabel verworfen werden muß, weil in vielen Fällen die Söhne nicht Teilwerte des 'Vaters' sind. Außerdem lassen die genannten Einschränkungen der direkten Bewertung, der unverhältnismäßig große Bewertungsaufwand sowie die geringere praktische Relevanz des Problems es sinnvoll erscheinen, die Beurteilung der Vater-Kennzahl unabhängig von den Sohn-Kennzahlen vorzunehmen, obwohl sich dabei Unstimmigkeiten ergeben können. Es erscheint allerdings sinnvoll, eine Bewertung vorzusehen, die es erlaubt, **eine** Kennzahl als Einflußgröße für die Beurteilung der Vater-Kennzahl anzugeben.

7.2.3 Die Bewertung der Kennzahlen

Werden dem System innerhalb von Lotus 1-2-3 neue Daten hinzugefügt, ist eine Neubewertung der Kennzahlen erforderlich, die der Rechner nach dem Aufruf der Option *Bewertung neu*[21] im Anfangsmenü des PROLOG-Programms vollzieht.

Sollte bei der Analyse deutlich werden, daß die bisher angewandte Bewertungsskala zu verändern ist, läßt sich über die Option *Skala neu* eine weitere Skala einfügen und/oder die alte Skala löschen. Wird die Option *Einfügen* gewählt, beginnt ein Dia-

[21] Für die Neubewertung werden etwa fünf bis zehn Minuten benötigt, da umfangreiche Operationen durchzuführen sind. Die Angabe gilt für einen IBM AT.

log mit dem Rechner. Dabei werden zunächst alle existierenden Skalen angezeigt. Danach sind zu den anschließend genannten Punkten Auskünfte zu geben:

- Bezeichnung der Skala,
- Art der Skala (Bewertung wird besser, wenn der Wert der Kennzahl fällt/steigt),
- Skalengrenzen,
- Antworten auf die Frage, ob es eine Einflußgröße gibt, die die Bewertung ggf. verändert (j/n).

Wird die letzte Frage bejaht, so erfragt das System

- die Bezeichnung der Einflußgröße,
- die Bezeichnung einer Kennzahl (als Beispiel), die nach der neuen Skala bewertet werden soll,
- die Schwellenwerte (obere und untere Grenze),
- den Unternehmensbereich, zu dem die Einflußgröße gehört,
- die Art der Beeinflussung (z.B. Einflußgröße übersteigt Obergrenze, dann verbessert/verschlechtert sich die Bewertung) und
- das Ausmaß der Beeinflussung.

Aus den Informationen läßt sich die entsprechende Skala aufbereiten. Dabei wird aufgrund der Kombination aus der Art der Skala und der Art der Beeinflussung bestimmt, ob zu den alten Grenzen ein Wert addiert oder ob er von ihnen subtrahiert wird. Der Wert ergibt sich aus dem Produkt des Schwellenwertes und dem Faktor, der das Ausmaß der Beeinflussung angibt (> 0).

Die Zuordnungsvorschrift gilt nur, wenn der obere Schwellenwert einen positiven und der untere Schwellenwert einen negativen Wert annimmt. Das System akzeptiert daher bei der Eingabe der oberen (unteren) Grenze nur einen positiven (negativen) Wert. In allen anderen Fällen wird eine Neueingabe verlangt.

Anhand der Skala für die Personalkosten wird die Zuordnungsvorschrift im folgenden näher erläutert. Die Bewertung der Personalkostenveränderung kann nicht losgelöst von der Entwicklung der Mitarbeiterzahl vorgenommen werden. Wenn z.B., bedingt durch eine gute Auftragslage, neue Mitarbeiter eingestellt wurden, ist eine Personalkostensteigerung um 12 % wahrscheinlich akzeptabel. Wäre die Steigerung allerdings nicht auf Neueinstellungen zurückzuführen, ist eine Bewertung mit 'sehr schlecht' angebracht. Die Mitarbeiterentwicklung sollte daher als Einflußgröße für die Beurteilung der Personalkostenentwicklung definiert werden.

Skala:

Eine Veränderung der Personalkosten um 12 % ist schlechter als eine um 5%, d.h. die Bewertung der Personalkosten wird besser, wenn der Wert der Kennzahl fällt ---> I

Beeinflussung:

Ergibt sich eine Veränderung der **Personalkosten** von 12 %, wird ohne das Einbeziehen der Entwicklung der Anzahl Mitarbeiter das Urteil 'sehr schlecht' ausgegeben /vgl. Abb. 7.7/. Wird die Einflußgröße bei der Beurteilung hinzugezogen und hat die Veränderung der Anzahl Mitarbeiter eine Obergrenze (z.B. 5 %) überschritten, muß die Bewertung der Personalkosten **besser** ausfallen (z.B. schlecht oder durchschnittlich).

Einflußgröße > Obergrenze: die Bewertung verbessert sich ---> 1

Aufgrund der Skalenart (I) und der Art der Beeinflussung (1) ergibt sich, daß zu den ursprünglichen Grenzwerten nun ein Wert addiert werden muß (Berechnungsvorschrift '+') /vgl. Abb. 7.11/.

Für jede Bewertungsskala kann jeweils **eine** Einflußgröße definiert werden. Möglich wäre auch ein Verfahren, bei dem sich das Ergebnis aus der anteiligen Addition mehrerer Kennzahlenbewertungen ergibt. Da eine solche Vorgehensweise aber sehr problematisch ist /vgl. Abschnitt 7.2.2/, eine erhebliche Laufzeitverschlechterung des Programms zur Folge hätte und ihre Notwendigkeit bei den Experten im Betrieb umstritten war, wurde auf ihre Realisierung verzichtet.

Bevor eine im Dialog entwickelte Skala gespeichert wird, stellt das System das Ergebnis in einem gesonderten Fenster dar, das dem Erklärungsfenster in der Analyse entspricht /vgl. Abb. 7.7/.

Skala:

Bewertung wird besser, wenn die prozentuale Abweichung der Vater-Kennzahl

- fällt ---> I
- steigt ---> II

Beeinflussung:

- Einflußgröße	> Obergrenze:	die Bewertung der Vater-Kennzahl verbessert sich
	< Untergrenze:	die Bewertung der Vater-Kennzahl verschlechtert sich
		---> 1
- Einflußgröße	> Obergrenze:	die Bewertung der Vater-Kennzahl verschlechtert sich
	< Untergrenze:	die Bewertung der Vater-Kennzahl verbessert sich
		---> 2

Zuordnung:

Skala	Beeinflussung	Berechnungsvorschrift
I	1	+
II	2	+
I	2	-
II	1	-

Abb. 7.11: Bestimmen der Bewertungsskala

Für den Verlauf des Dialogs ist ebenfalls eine Erklärungskomponente vorhanden. Wählt der Benutzer die Option *Warum*, wird ihm eine Begründung zur gestellten Frage gegeben. Jeder Programmschritt kann zudem durch einen Tastendruck rückgängig gemacht werden, so daß sich ein Rückverfolgen des Lösungsweges durchführen läßt.

8 Anwendungsbeispiel für das EXARK-System

Die nachfolgende Beschreibung des Anwendungsbeispiels für den Einsatz von EXARK erfolgt in zwei Abschnitten. Zunächst werden die Schritte erläutert, die ein Mitarbeiter von VEB vornehmen muß, um die Daten eines neuen Geschäftsjahres einzugeben. Anschließend wird beschrieben, wie ein Anwender - für die Demonstration wird angenommen, er sei Leiter von VEA - mit dem Expertensystem arbeitet, wenn er einen Überblick über die Wirtschaftlichkeit der Datenverarbeitung und speziell der eigenen Abteilung zu erhalten wünscht.

Nach dem Einschalten des Geräts und dem automatischen Laden des DOS-Betriebssystems[22] erscheint die Systemnachricht

C>

auf dem Bildschirm.

Durch Aufruf der Batch-Datei:

<EXSTART>

wird das Hauptmenü von EXARK aufgerufen und die in Abbildung 8.1 dargestellte Bildschirmmaske angezeigt.

Da neue Daten einzugeben sind, muß die Option *EXARK starten* gewählt werden. Anschließend wird LOTUS 1-2-3 von der Magnetplatte aus dem Unterverzeichnis \LOTUS geladen und das Arbeitsblatt *AUTO123.WKS* automatisch aufgerufen[23] /vgl. Abb. 5.20/.

Zunächst sind die Arbeitsblätter für den Zeit-Vergleich zu aktualisieren. Dementsprechend wird das Menü *ZEIT*[24] gewählt. Anschließend wird mit der Option

---

22 Hinweis: es ist die DOS Version zu verwenden, unter der auch die Software LOTUS 1-2-3 läuft (DOS ab Version 3.1)

23 Dazu muß bei der LOTUS 1-2-3 Version als Quelle für die Arbeitsblätter eines der beiden Unterverzeichnisse (EXARK\LOTUS oder EXARK\PLOTUS) angegeben sein.

24 Optionen werden innerhalb von LOTUS mit dem Anfangsbuchstaben ausgewählt oder durch die Pfeiltasten markiert und dann durch Eingabe von RETURN aktiviert

```
AUSWAHLMENÜ

Starten von EXARK                  1

Aufbau des Systems                 2

Starten der PROLOG-Programme       3

Installieren des EXARK-Systems     4

Kopieren der Dateien               5

ENDE                               E

Auswahl                           ?
```

Abb. 8.1: Hauptmenü von EXARK

KOSEIN die Tabelle geladen, in der sich die Kosten-Kennzahlen befinden. Nun wird das Kommando *Fortschreiben* aktiviert, so daß sich die gesamte Tabelle um eine Spalte verschiebt. Die Daten des ältesten Geschäftsjahres werden automatisch gelöscht, und eine Spalte für das neue Geschäftsjahr wird bereitgestellt[25]. Nachdem der Mitarbeiter von VEB die Option *Eingabe* gewählt hat, können die neuen Daten eingegeben werden. Man kann/darf nur die Zellen verändern, die nicht geschützt sind[26]. Die anderen Zellenwerte werden aus den Eingabedaten automatisch berechnet. Bei der Eingabe können Kennzahlen entfernt oder neue Kennzahlen eingefügt werden. Für das Hinzufügen neuer Werte wurde ein Reservebereich angelegt. Nach Abschluß der Eingabe ist die Kommandozeile erneut zu aktivieren[27].

Für den Wechsel in die Tabelle mit den Verrechnungswerten ist der Menüpunkt *UMSEIN* zu votieren. Bevor die entsprechende Datei bereitgestellt ist, wird das aktu-

[25] Zum Zwecke der Datensicherung wird die alte Datei unter anderem Namen zunächst abgespeichert.
[26] Die Eingabezellen werden durch eine intensivere (beim Monochrom-Bildschirm) bzw. durch grüne Schrift hervorgehoben.
[27] Dazu sind die Tasten *ALT* und *H* zu betätigen.

elle Arbeitsblatt gespeichert. Nun läßt sich die Tabelle der Verrechnungswerte mit dem Kommando *Fortschreiben* um eine Spalte verschieben.

Nachdem die Werte (Kommando *Eingabe*) eingegeben worden sind, ist der Menüpunkt *Weiter* zu optieren, der dafür sorgt, daß die Tabelle *KZEINUMS* gespeichert und das Arbeitsblatt *KZBERT* geladen wird.

Die Option *Aktualisieren* in der Tabelle *KZBERT* überträgt die neuen Daten in das leere Arbeitsblatt. Mit dem Kommando *Weiter* läßt sich das Arbeitsblatt *KZBEWERT* aufrufen. Auch hier wird mit der Option *Aktualisieren* das Übertragen der Daten vorgenommen. In dem Arbeitsblatt sind alle Kennzahlen mit ihren prozentualen Veränderungen gegenüber dem Vorjahr, der Nummer der Bewertungsskala, der Bezeichnung des Unternehmensbereiches, der Bezeichnung der 'Ober-Kennzahl' sowie dem Anteil der Kennzahl an der 'Ober-Kennzahl' enthalten.

Die Option *Weiter* bewerkstelligt das Übertragen der Daten an das PROLOG-Programmsystem[28]. Im Anschluß daran erscheint erneut die Anfangsmaske (Arbeitsblatt *AUTO123.WKS*).

Jetzt sollten die Daten für den Plan/Ist-Vergleich eingegeben werden. Der Menüpunkt *Plan/Ist* muß dazu angewählt werden. Anschließend erfolgt die Eingabe der Plan-Werte. Die Ist-Werte müssen nicht eingegeben werden. Sie lassen sich mit der Option *Kopie-Ist* aus der Tabelle für den Zeit-Vergleich kopieren. Im Vergleich zur Vorgehensweise bei der Eingabe der Werte für den Zeit-Vergleich ergeben sich ansonsten keinerlei Unterschiede.

Eine weitere interessante Möglichkeit besteht in dem Einsatz der Grafikfunktionen von LOTUS 1-2-3. Für eine spätere Analyse ist es z.B. sinnvoll, die Entwicklung der Gesamtkosten aller Bereiche graphisch darzustellen. Dazu wird mit den entsprechenden Kommandos von LOTUS 1-2-3 eine Grafik erstellt. Die Vorgehensweise hierzu kann dem Handbuch zu LOTUS 1-2-3 bzw. dem LOTUS-Kompendium /LEB 86 S. 219 ff./ entnommen werden /vgl. Abb. 8.2./.

Sind die Arbeiten zur Kennzahlenbestimmung und graphischen Darstellung abgeschlossen, kann LOTUS 1-2-3 mit dem Befehl *Ende* verlassen werden. Automatisch werden jetzt die Dateien neu aufgearbeitet, Leerzeilen und Überschriften entfernt

[28] Die Arbeiten sind sehr zeitintensiv (ca. 3 Min). Die Angabe gilt für einen IBM AT.

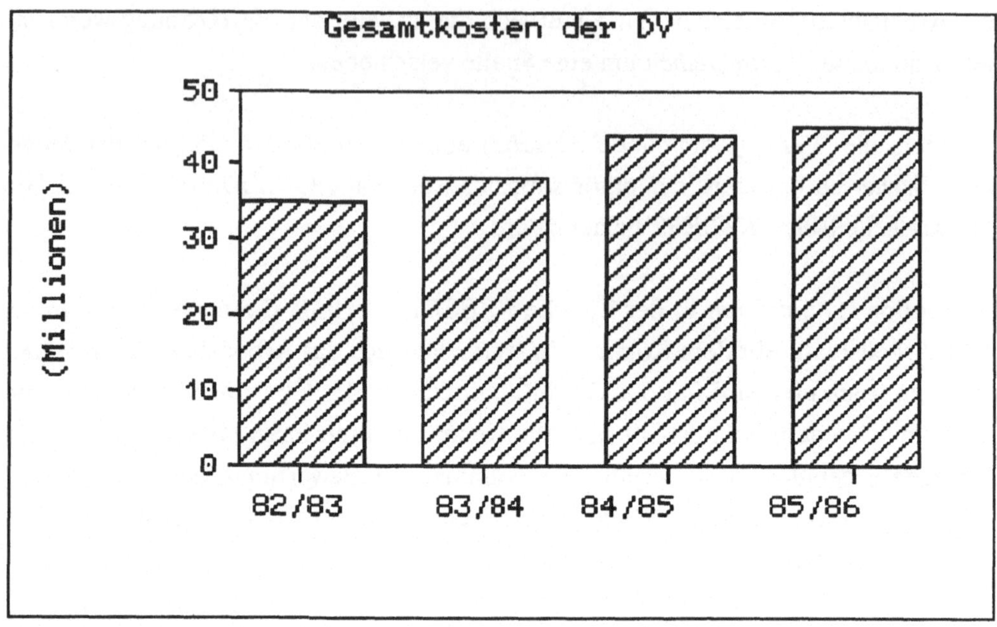

Abb. 8.2: Grafik Entwicklung der Gesamtkosten

und die Ergebnisse dem PROLOG-Programmsystem zur Verfügung gestellt. Dazu kopiert eine Kommandodatei die Dateien *KZDATEN.DAT* und *PKZDATEN.DAT* in das Unterverzeichnis *EXARK\PROLOG*. Erst danach werden die PROLOG-Programme gestartet.

Ist bei der Eingabe eine neue Kennzahl in das System eingefügt worden, so ist zu Beginn das Modul *Neuer Schlüssel* zur Ausführung zu bringen[29] /vgl. Abb. 8.3/. Sofern zuvor die Daten eines neuen Geschäftsjahres eingegeben wurden, ist der Menüpunkt *Bewertung Neu* zu votieren. Anschließend kann die Option *Unternehmensanalyse* aus dem angezeigten Menü aktiviert werden.

Der Leiter der Anwendungsentwicklung wünscht z.B. einen Gesamteinblick und möchte daher Auskunft über die Entwicklung der Gesamtkosten im Rechenzentrum erhalten. Dazu ist aus dem aktuellen Menü die Option *Kennzahl* zu aktivieren.

[29] Das Auswählen einer Option erfolgt innerhalb der PROLOG-Programme wie folgt: die Option wird durch Pfeiltasten markiert und dann durch die Eingabe von *RETURN* aktiviert.

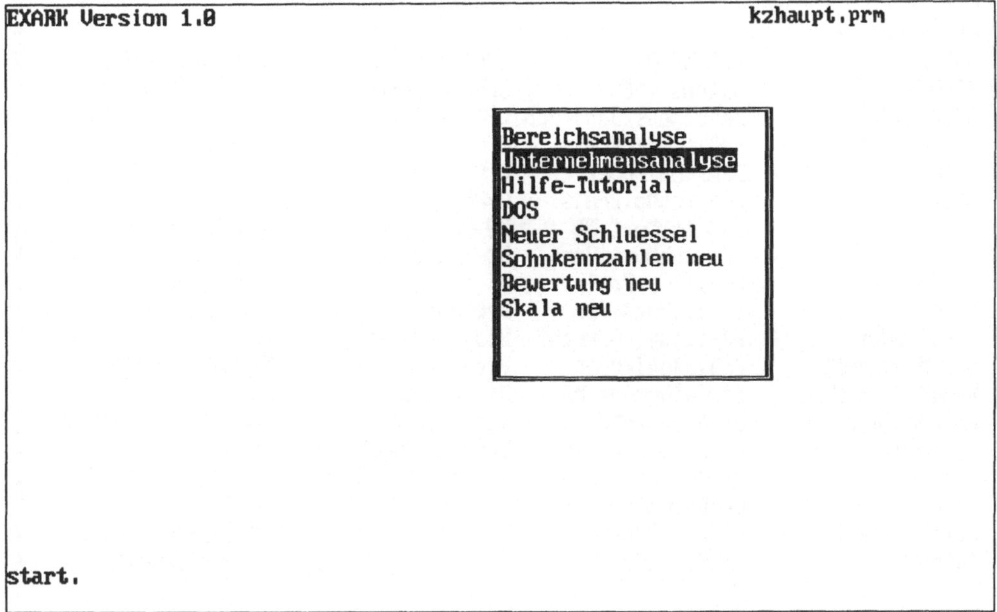

Abb. 8.3: PROLOG-Eingangsmenü

Durch Eingabe des Buchstaben *Z* werden die Daten für den Zeit-Vergleich zur Verfügung gestellt. Im Anschluß werden die Kennzahlenbezeichnungen in alphabetischer Reihenfolge angezeigt /vgl. Abb. 8.4/. Nun ist der Begriff *Gesamtkosten*[30] zu markieren und zu bestätigen, da ihre Entwicklung von vorrangigem Interesse ist.

Im linken Fenster erscheinen die Informationen zur ausgewählten Kennzahl *Gesamtkosten VE*. Im rechten Fenster werden die Gesamtkosten der Unterbereiche aufgelistet. Der Leiter von VEA wünscht nun nähere Informationen zur Aufteilung und Entwicklung der Kosten in seinem Bereich.

Aus dem Eingangsmenü ist dafür die *Bereichsanalyse* aufzurufen. Da mehrere Auswahlkriterien vorliegen, wird die Option *allg. Abfrage* aktiviert. Nachdem bestimmt wurde, daß Informationen über den Zeit-Vergleich gewünscht sind, erscheint eine Eingabemaske, die mit den Vorgaben auszufüllen ist /vgl. Abb. 8.5/.

---

[30] Wäre die Position nicht auf der Seite zu finden, so müßte die zweite Seite vorab mit einer Funktionstaste angewählt werden.

Schluesselworte:

3350Pl.MBME	BatchI/O	CPUDialogME	DrDialogI/OVer
3350Pl.MBPreis	BatchI/OME	CPUDialogPreis	DruckerI/OME
3350Pl.MBVer	Batchjobs(Jan)/Mona	CPUDialogVer	DruckerI/OPreis
3380Pl.MBME	BdBatchI/OPreis	CPUME	DruckerI/OVer
3380Pl.MBPreis	BdBatchI/OVer	CPUPreis	DruckerME
3380Pl.MBVer	BdBatchMo.Preis	CPUVer	DruckerPreis
BERICPU	BdBatchMont.ME	DB-BatchCPU	DruckerVer
BERII/O	BdBatchMont.Ver	DB-BatchI/O	End-User-TestCPU
BandI/OME	BdDialMo.Preis	DB-DialogCPU	End-UserCPU
BandI/OPreis	BdDialMont.Ver	Deckung	End-UserI/O
BandI/OVer	BdDialogI/OPreis	Dialog-TestCPU	FrDik
BandMontageME	BdDialogI/OVer	DialogCPU	Gesamtkosten
BandMontagePrei	BdDialogMont.ME	DialogI/O	HSPME
BandMontageVer	BildschirmME	DialogI/OME	HSPPreis
Bandverw.ME	BildschirmPreis	DrBatchI/OME	HSPVer
Bandverw.Preis	BildschirmVer	DrBatchI/OPreis	HW-DUE-BetriebKO
Bandverw.Ver	CPUBatchME	DrBatchI/OVer	HW-GrundKO
Batch-TestCPU	CPUBatchPreis	DrDialogI/OME	HW-GrundKO/Batchjo
BatchCPU	CPUBatchVer	DrDialogI/OPreis	HW-GrundKO/TPs
ENDE=Esc	F9=1.Seite	F10=2.Seite	RETURN=Auswahl

Abb. 8.4: Schlüsselworte

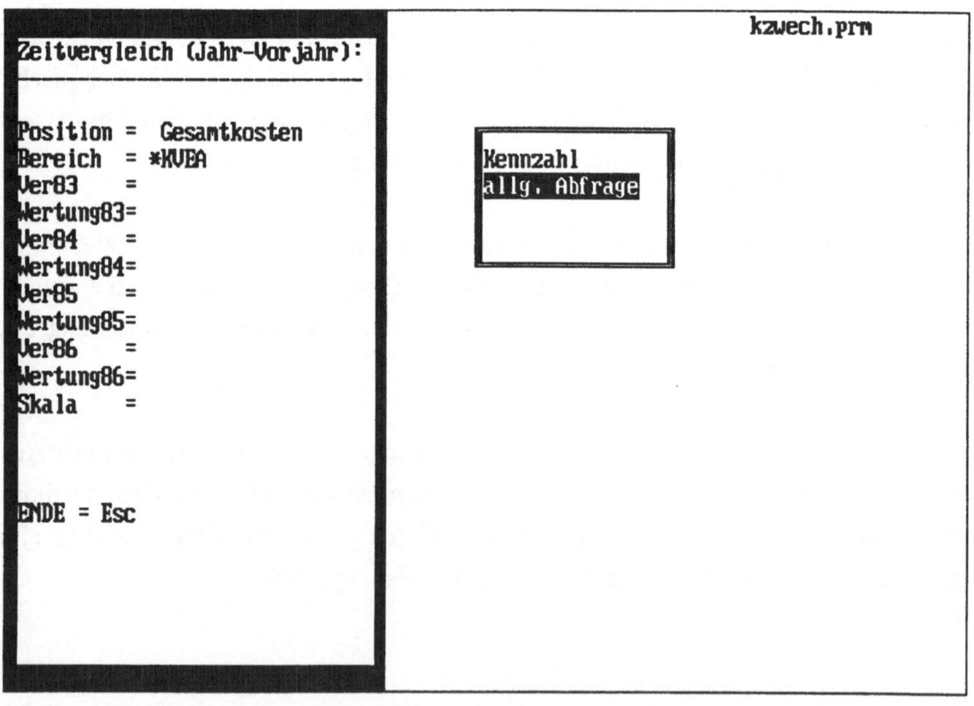

Abb. 8.5: Eingabemaske zur Option 'allg. Abfrage' mit Gesamtkosten

Gezeigt werden alle Informationen, die zu den Gesamtkosten der Anwendungsprogrammierung vorliegen /vgl. Abb. 8.7/. Als Sohn-Kennzahlen erscheinen die Positionen *Personalkosten*, *Maschinenkosten* und *Sonstige Kosten*. Da die Personalkosten mehr als die Hälfte der Kosten von VEA ausmachen und beim Vergleich der Geschäftsjahre 85/86 und 84/85 mit 'schlecht' beurteilt werden, sollen nun die Personalkosten von VEA näher analysiert werden. Dazu aktiviert der Anwender wiederum die *Bereichsanalyse* mit der Option *allg. Abfrage*, jetzt aber mit den Eingabeparametern (Position = Personalkosten und Bereich = KVEA).

Die Entwicklung der Personalkosten wird detailliert angezeigt /vgl. Abb. 8.8/, zumal als Sohn-Kennzahlen auch die Personalkosten der einzelnen Unterbereiche definiert sind. Wenn eine Erklärung zur Bewertung der Kostenentwicklung gewünscht ist, kann über die Funktion *Skala* ein zusätzliches Fenster aufgerufen werden, das die angewandte Bewertungsskala näher erläutert /vgl. Abb. 7.7/. Liegen weitere Gründe für bestimmte Entwicklungen vor, die aus den Zahlen allein nicht zu erkennen sind, so läßt sich das dazugehörige Wissen ebenfalls dem System übergeben oder abrufen. Dazu muß die Option *Erklärung* gewählt werden /vgl. Abb. 7.6/. Bei der Analyse der Personalkosten der Anwendungsprogrammierung ist z.B. die Information zu hinterlegen, daß die Stelle des Leiters von VEA - also die Stelle der Person, für die hier zu Demonstrationszwecken die Analyse durchgeführt wird - in dem Geschäftsjahr 19XX nicht besetzt war.

Zur Analyse der DV-Abteilung auch aus der Sicht des Leiters von VEA stehen weitere Funktionen zur Verfügung. Ihre Durchführung muß hier nicht näher erläutert werden, da der Umgang mit dem System bereits detailliert beschrieben wurde. Stattdessen sollen abschließend einige weitere Abfragemöglichkeiten stichpunktartig genannt und weitere Programmfunktionen erläutert werden.

Für die Untersuchung des DV-Bereichs von Interesse ist z.B. die Analyse

- der Kennzahl MA pro Mio.LOC, die als Produktivitätsmaß für die Programmentwicklung bereitsteht,
- der Personalkosten der anderen Bereiche,
- der Mitarbeiterentwicklung in allen Bereichen (denn sie beeinflussen die Bewertung der Personalkosten),

```
Zeitvergleich (Jahr-Vorjahr):          Erklaerung fuer 1985
-----------------------------          ------------------
Position = Gesamtkosten                => wesentlich schlechter beurteilt werden
Bereich  = KVEA                         Persk        = schlecht       Ver. = 6%
% Ver83  = 16                           56% von Gesamtkosten          Bereich = KVEA
Wertung83= sehr schlecht
% Ver84  = 6                           => wesentlich schlechter beurteilt werden
Wertung84= schlecht                     Maschk       = sehr schlecht Ver. = 37%
% Ver85  = -2                           9% von Gesamtkosten           Bereich = KVEA
Wertung85= gut
                                       => besser beurteilt werden
Skala    = 2                            Sonstk       = sehr gut       Ver. = -26%
                                        30% von Gesamtkosten          Bereich = KVEA

                                       => schlechter beurteilt werden
                                        Umlagen      = durchschnitt   Ver. = 1%
                                        4% von Gesamtkosten           Bereich = KVEA

Pause bis Taste oder
F2=Erklaer. F3=Skala Esc=Ende
```

Abb. 8.6: Gesamtkosten KVEA

```
Zeitvergleich (Jahr-Vorjahr):          Erklaerung fuer 1985
-----------------------------          ------------------
                                       => genauso beurteilt werden
Position = Persk                        Persk_VEA1   = schlecht       Ver. = 9%
Bereich  = KVEA                         25% von Persk                 Bereich = KVEA
% Ver83  = 12
Wertung83= durchschnitt                => genauso beurteilt werden
% Ver84  = 8                            Persk_VEA2   = schlecht       Ver. = 9%
Wertung84= schlecht                     20% von Persk                 Bereich = KVEA
% Ver85  = 6
Wertung85= schlecht                    => besser beurteilt werden
                                        Persk_VEA3   = durchschnitt   Ver. = 3%
Skala    = 3                            26% von Persk                 Bereich = KVEA

                                       => besser beurteilt werden
                                        Persk_VEA4   = durchschnitt   Ver. = 5%
                                        20% von Persk                 Bereich = KVEA

                                       => wesentlich besser beurteilt werden
                                        Persk_VEAL   = sehr gut       Ver. = -14%
                                        7% von Persk                  Bereich = KVEA
Pause bis Taste oder
F2=Erklaer. F3=Skala Esc=Ende                                 Fortsetzung
```

Abb. 8.7: Personalkosten KVEA

- aller Kennzahlen, bei denen im Betrachtungszeitraum eine Steigerung um mehr als 10% stattgefunden hat,
- aller Kennzahlen, bei denen im Betrachtungszeitraum eine Abnahme um mehr als 10% zu verzeichnen war.

Neben den Standardabfragen können neue 'Vater-Sohn-Beziehungen' aufgebaut werden. Der Anwender kann z.B. selbst festlegen, daß bei der Anzeige der Personalkosten auch die Entwicklung der Mitarbeiterzahl angezeigt werden soll. Eine solche Verbindung läßt sich mit dem Modul *Sohn-Kennzahl Neu* einrichten. Aus den dort angezeigten Positionen ist zuerst die Vater-Kennzahl auszuwählen. Im Anschluß werden die Sohn-Kennzahlen bestimmt. Die Verbindungen gelten nur für die Bereichsanalyse, da bei der Unternehmensanalyse zur Erklärung einer Kennzahl immer dieselben Kennzahlen aus allen in die Analyse einbezogenen Unternehmensbereichen herangezogen werden.

Ist das System einige Zeit im Einsatz, so sind sicherlich Veränderungen an der Bewertung einiger Kennzahlen erforderlich. Die Möglichkeit wird mit der Option *Skala Neu* geboten. In einem Dialog werden die dafür nötigen Informationen erbeten. Für eventuelle Rückfragen steht eine Erklärungskomponente zur Verfügung, die näher erläutert, warum und welche Informationen erwartet werden.

Bei der Neueingabe einer einfachen Bewertungsskala beschränkt sich der Dialog auf das Festlegen der Skalenbezeichnung, der Art der Bewertungsskala (steigend/fallend) sowie der Grenzen der Skala.

Soll eine Bewertungsskala für eine Kennzahl aufgebaut werden, bei der die Bewertung sehr stark von der Entwicklung einer anderen Kennzahl bestimmt wird (z.B. sollte die Bewertung der Personalkosten nicht ohne Berücksichtigung der Veränderung der Mitarbeiterzahl erfolgen), so ist die Abhängigkeit im Dialog mit dem Rechner anzugeben. Dazu werden einige Informationen erbeten, die Auskunft geben über

- die Art der Bewertung der Kennzahl,
- den kritischen Punkt für eine Änderung der Skala (z.B. wenn eine Mitarbeitersteigerung um mehr als 5 % vorliegt) und
- das Ausmaß der Skalen-Verschiebung (z.B. ebenfalls um die Höhe der Veränderung der Einflußgröße oder um einen Teil des Wertes).

Damit die Bewertungsskala für eine Kennzahl Anwendung findet, ist lediglich die Bezeichnung der Bewertungsskala entsprechend zu verändern. Das ist allerdings aus Gründen der Datenkonsistenz nur in dem Arbeitsblatt *KZBEWERT* im LOTUS 1-2-3 Programmteil möglich. Beim erneuten Aufruf der PROLOG-Programme muß dann zuerst die Option *Bewertung Neu* durchgeführt werden.

9 Schlußbetrachtung

Die vorliegende Arbeit zeigt am Beispiel der Unterstützung des DV-Controllings durch Expertensysteme, daß sich die Lücke, die in der Betriebswirtschaft zwischen theoretischen Ansätzen und deren Anwendung auf betriebliche Probleme existiert /vgl. WIT 79, S. 211/, verringern läßt.

Ausgewählt wurde hierzu der wichtige Bereich des DV-Controllings. Ein klassisches Instrument des Controllings sind Kennzahlensysteme, denen von der Forschung allerdings bisher lediglich in der Form der Rentabilitätskennzahlensysteme größere Aufmerksamkeit geschenkt wurde. Die Praxis fordert aber neben Systemen, die den Anwender in die Lage versetzen, die finanzielle Situation des Unternehmens zu beurteilen, in zunehmendem Maße Systeme, die eine Analyse von Teilbereichen wie z.B. der betrieblichen Datenverarbeitung erlauben. Aufgaben wie

- das Berechnen großer Zahlenkolonnen,
- das Bewerten von Entwicklungen und
- das graphische Darstellen von Zahlen

können heutzutage dem Rechner problemlos übertragen werden. Hierdurch wird die Anwendung von Kennzahlensystemen in den verschiedensten Unternehmensbereichen im Sinne einer vernünftigen Kosten-Nutzen-Relation sinnvoll. Die Entwicklung von DV-gestützten Berichtssystemen geht mittlerweile über reine Kennzahlensysteme hinaus. So können z.B. neben den Zahlen Texte und Graphiken gespeichert und auf Abruf bereitgestellt werden. Zudem lassen sich Kennzahlenveränderungen automatisch bewerten, nachdem ein Experte dem System die Bewertungsregeln einmalig mitgeteilt hat. Die im Rahmen der Arbeit entwickelte Software bietet die beschriebenen Optionen. Sie bildet die praktische Umsetzung des vorgestellten Systems und gibt damit einen Einblick in die betrieblichen Einsatzmöglichkeiten der Datenverarbeitung, insbesondere der Expertensysteme.

Expertensysteme stellen nie ein abgeschlossenes Produkt dar, zumal die betrachteten Sachverhalte oft, durch inner- oder außerbetriebliche Entwicklungen bedingt, Veränderungen unterliegen. Das EXARK-System ist daher so angelegt, daß es bezüglich der Auswahl der relevanten Kennzahlen leicht veränderbar ist.

Darüber hinaus ist das System anderweitig einsetzbar:

- EXARK kann in der vorliegenden Form für einen Betriebs-Vergleich verwendet werden.
- EXARK läßt sich außerdem als Werkzeug für die Kennzahlenanalyse in anderen Unternehmensbereichen verwenden.

Der vorliegende Anwendungsfall und die Komplexität der Aufgabenstellung erforderten eine Beschränkung auf die wesentlichen Bestandteile eines DV-Controllinginstruments. Auf eine Realisierung der im folgenden genannten möglichen Veränderungen und Erweiterungen mußte daher verzichtet werden.

Veränderungen:

- Dem Anwender könnten noch komplexere Bewertungs-Skalen zur Verfügung gestellt werden.
- Eine Konsistenzprüfung ließe sich realisieren, die Unstimmigkeiten zwischen den Bewertungen der Vater- und Sohn-Kennzahlen erkennt und erklärt.

Erweiterungen:

- Dem System könnten weitere Regeln eingegeben werden, die für einen Abschlußbericht erforderlich sind. Der Bericht würde dann automatisch erstellt und dem Anwender in Textform zur Verfügung gestellt.
- EXARK ließe sich um Suchbäume erweitern, die ausgehend von einem anzugebenden Analyseziel schrittweise wichtige Kennzahlen auswählen.

Zwar steht auch den Expertensystemen zunächst eine Euphoriephase und anschließend sicherlich eine Frustrationsphase bevor, doch gibt es kaum Führungskräfte, die den Einsatz von solchen Systemen völlig ablehnen, so daß mit einem stetigen Anwachsen praktisch relevanter Expertensystem-Anwendungen vor allem in den 90-er Jahren zu rechnen ist /vgl. MER 86, S. 937/. FEIGENBAUM schließt sich dieser Auffassung an, wenn er im Sinne von Adam Smith erklärt: "The wealth of nations, which depend upon land, labor and capital during its argicultural and industrial phases [...] will come in the future to depend on information, knowledge and intelligence" /FEI 83, S. 14/.

Zur Erstellung von Expertensystemen werden mittlerweile Hybride-Systeme wie z.B. KEE angeboten. Dabei handelt es sich um Werkzeug-Baukästen, die den kombinierten Einsatz verschiedener Wissensrepräsentationen und Inferenzen in einem System gestatten. Daneben gibt es *shells* (z.B. EMYCIN, ESE), die auch als Schalen-Systeme bezeichnet werden. Auch für PCs sind *shells* (z.B. Personal Consult, Rulemaster, XI-Plus) erhältlich. Sie enthalten sämtliche Komponenten eines fertigen Expertensystems mit Ausnahme der spezifischen Wissensbasis /vgl. SCI 86, S. 511/.

Schwierigkeiten ergeben sich beim praktischen Einsatz insbesondere, weil

- zum breiten, leistungsfähigen Einsatz von Expertensystemen eine Hardware gefordert wird, die noch nicht verfügbar ist,
- für die Realisierung von Expertensystemen Mitarbeiter benötigt werden, die über umfangreiche Kenntnisse in bezug auf eine Spezialsprache (LISP oder PROLOG) oder ein Werkzeug verfügen,
- Werkzeuge für die Entwicklung von Expertensystemen noch nicht im ausreichenden Maß standardisiert sind /vgl. GRI 86, S. 588/.

Die vorliegende Arbeit soll einen Beitrag für die Forschung sowohl auf dem Gebiet der Kennzahlen- als auch der Expertensysteme leisten. Das dazu entwickelte Programm ist eine Mischung aus "konventioneller" Software (1-2-3) und der Sprache PROLOG. Die Umsetzung des beschriebenen Systems in ein ablauffähiges Programm kann eine Basis für Diskussionen um den Nutzen von betrieblichen Expertensystemen, insbesondere im Bereich des DV-Controllings, bilden.

Literaturverzeichnis

ALL 87 Allgeyer, K.H.: in: Mertens, P.(Hrsg.): Lexikon der Wirtschaftsinformatik, Springer Verlag, Berlin 1987

ANS 84 Anselstetter, R.: Betriebswirtschaftliche Nutzeffekte der Datenverarbeitung: Anhaltspunkte für Nutzen-Kosten Schätzungen, Springer-Verlag, Berlin 1984

ANT 58 Antoine, H.: Kennzahlen. Richtzahlen. Planungszahlen. 2. Auflage Wiesbaden 1958

APP 85 Appelrath, H.J.: Von Datenbanken zu Expertensystemen, Informatik-Fachberichte 102, Springer-Verlag Zürich 1985

BAE 87 Bauernfeind, U.: Software-Fertigung, in: ONLINE, Heft (8), Rudolf Müller GmbH Verlag, Köln 1987, S. 40-42

BAR 87 Barth, G.: Prolog: Programmierung auf der Basis von Logik, in: Informationstechnik, 29. Jhrg., Heft (4), Oldenbourg Verlag, München 1987, S. 217-226

BAT 65 Batty, J.: Management Accountancy London 1965

BAU 73 Baugut, G.: Modelle zur Auswahl von Datenverarbeitungsanlagen, Rudolf Müller Verlag, Köln 1973,

BEC 82 Becker, M., Haberfellner, R., Liebetrau, G.: EDV-Wissen für Anwender - Ein Handbuch für die Praxis, CW Publikationsverlag mbH, München 1982

BEH 85 Behrendt, R.: Wartung und Pflege von Expertensystemen, in: HMD 24. Jhrg., Heft (135), Forkel Verlag, Stuttgart 1985, S. 104-111

BEN 83 Bender, H.; Fuhrmann R.; Kittel, H.U.; Menke, B.; Müller, J.-E.; Nadolny, S.: Software-Engineering in der Praxis, das Bertelsmann-Modell, CW Publikationsverlag mbH, München 1983

BIS 85 Bischoff, R.: DV-Controlling - ein neues Berufsfeld ? Handbuch der modernen Datenverarbeitung (HMD), 22. Jhrg., Heft (124), Forkel-Verlag, Wiesbaden 1985, S. 19-30

BLO 65 Blohm, H.; Heinrich, L.J.: Schwachstellen der betrieblichen Berichterstattung, Dr. Max Gehlen Verlag, Baden-Baden 1965

BLO 74 Blohm, H.: Die Gestaltung des betrieblichen Berichtswesens als Problem der Leitungsorganisation, 2. Auflage, Neue Wirtschafts-Briefe GmbH Verlag, Herne/Berlin 1974

BRA 81 Braun, M.: Zielgerichtete Steuerung und systematische Überwachung der betrieblichen Datenverarbeitung, Dissertation, München 1981

BRA 87 Bramsemann, R.: Handbuch Controlling, Methoden und Techniken, C. Hanser Verlag, München 1987

BRE 87 Brewka, G.: Techniken der Wissensrepräsentation, in: State of the Art 3, Expertensysteme, Oldenbourg Verlag, München 1987, S. 17-22

BRU 84 Brunschede, G.; Schatzert, K.:Ermittlung der Verfügbarkeit von EDV-Systemen, EDV-Anwendungen und EDV-Geräten, in: Das Rechenzentrum, 7. Jhrg., Heft (1), C. Hanser Verlag, München 1984, S. 5-22

BUC 87 Buchberger, E. (Hrsg.): Die Begriffswelt der Wissensverarbeitung und Künstlichen Intelligenz, Schriftenreihe der ÖGAI, Band 1, Symbolics GmbH Verlag, Eschborn 1987

BUL 78 Bula, U.; Knop, J.: Leistungsmessung von DV-Anlagen, in: Das Rechenzentrum, 1. Jhrg., Heft (1), C. Hanser Verlag, München 1978, S. 9-13

BUR 87 Burgholzer, H.: Informationsmanagement; Oldenbourg Verlag, München 1987

CHY 82 Chylla, P.: Aspekte der Leistungsüberwachung von Fernzugriffsnetzen, in: Das Rechenzentrum, 5. Jhrg., Heft (4), C. Hanser Verlag, München 1982, S. 221-242

CLO 84 Clocksin,W.; Mellish,C.S.: Programming in PROLOG, 2. Auflage, Springer Verlag, Berlin 1984

DEN 76 Dennis, J.B.: The Design and Construction of Software-Systems, in: Bauer, F.L. Advanced Course on SW-Engineering, Springer Verlag, Berlin 1976, S. 12-28

DAI 88 Daibel: unveröffentlichte Referatsunterlagen, Gütersloh 1988

DIE 71 Diebold Deutschland GmbH: ADV-Budget: Kostenbewußtes Training, in: Diebold Management Report, 1971

DIE 80 DIEBOLD Deutschland GMBH: Diebold ADV-Kennzahlensystem (DKS). Ein Instrument zur Analyse der Wirkungen des ADV-Einsatzes, 2. Auflage, Frankfurt/M. 1980

DIR 80a Dirlewanger, W.: Verfügbarkeit von DV-Systemen I, in: Das Rechenzentrum, 3. Jhrg., Heft (2), C. Hanser Verlag, München 1980, S. 80-87

DIR 80b Dirlewanger, W.: Verfügbarkeit von DV-Systemen II, in: Das Rechenzentrum, 3. Jhrg., Heft (3), C. Hanser Verlag, München 1980, S. 152-164

DIR 82 Dirlewanger, W: Der Begriff der Leistung bei DV-Systemen, in: Das Rechenzentrum, 5. Jhrg., Heft (4), C. Hanser Verlag, München 1982, S. 205-220

DIR 85 Dirlewanger, W.: Organisation und Betrieb der Informationsverarbeitung, in: Brauer, W. (Hrsg.): 6. GI. Fachgespräche über Rechenzentren, Springer Verlag, Kassel 1985, S. I-III

DOR 83 Dornhauser, H.; Jaufmann, S.: Kapazitätsplanung von Rechenzentren mit Hilfe analytischer Modellierungsverfahren, in: Graef, M.; Brauer, W. (Hrsg.): Betrieb von DV-Systemen in der Zukunft, 5. GI Fachgespräche, Springer Verlag, Kassel/München,1983, S. 15-29

DÜP 83 Düpmann, H.: Bertelsmann Accounting, Referatsunterlagen Gütersloh 1983

DWO 72 Dworatschek, S; Donike, H.: Wirtschaftlichkeitsanalyse von Informationssystemen, De Gruyter Verlag, Berlin

END 75 Endres, W.: Betriebliche Kennzahlen, in: Grochla, E.; Wittmann, W. (Hrsg.): Handwörterbuch der Betriebswirtschaft, 4. Auflage, Poeschel Verlag, Stuttgart 1975, S. 2153-2157

EST 87 Estenfeld, K. PROLOG-Implementierung: Konzepte und Realisierungen in Informatik Spektrum 10 (1987), Springer Verlag, Berlin 1987, S. 67-78

FEI 83 Feigenbaum, E.A. u. P. Mc Corduck: The Fifth Generation - Artificial Intelligence and Japan's Computer Challenge to the world, Reading-Menlo Park 1983

FUT 79 Futh, H.: Der Umgang mit der EDV, in: "Was muß der Manager von der EDV wissen", Seminarunterlage des Management Instituts Hohenstein Teil II, 10/79, Hohenstein 1979

GER 84 Gerberich, C.W.: Aufbau eines Kosten- und Leistungsrechnungssystems für den EDV-Breich als Basis eines EDV-Controllings, in : Das Rechenzentrum, 7. Jhrg., Heft (3), C. Hanser Verlag, München 1984, S. 162-170

GRA 82 Graef, M.; Greiller, R.: Organisation und Betrieb eines Rechenzentrums, 2. Auflage, Forkel-Verlag, Stuttgart 1982

GRI 86 Griese, J.: Meinungsspiegel zum Einsatz von Expertensystemen in Betrieben, in: BfuP, 38. Jhrg., Heft (6), Neue Wirtschaftbriefe Verlag, Herne/Berlin 1986, S. 584-600

GRI 87 Griese, J; Obelode, G. u.a.: Ergebnisse des Arbeitskreises Wirtschaftlichkeit der Informationsverarbeitung, in: ZfBF, Heft (7), Handelsblatt GmbH Verlag, Wiesbaden 1987, S. 515-551

GRO 79 Grohmann, H.: Kenngrößen zur Steuerung von Rechenzentren, in: Nagel, K. (Hrsg.): DV-Aktuell: Steuerung und Überwachung von Rechenzentren, Oldenbourg Verlag, München 1979, S. 117-135

GRU 79 Gruber, K.P.: Anwendererfahrungen mit NAMIC-System I,II, in: Das Rechenzentrum, 2. Jhrg., Heft (3), C. Hanser Verlag, München 1979, S. 128-136

GUI 85 GUIDE (Hrsg.); Seyffer: Handbuch zu Rechenzentrums-Kennzahlen, 1985

HAN 78 Hansen, H.R.; Röhrs, H.P.: Abrechnungsverfahren in Großrechner-Betriebssystemen - Ein Vergleich, in: Mertens, P. u.a. (Hrsg.): Abrechnung von Rechenzentrums-Dienstleistungen, C. Hanser Verlag, München 1978, S. 27-52

HAN 86 Hansen, H.R.: Wirtschaftsinformatik I, 5. Auflage, Fischer Verlag, Stuttgart 1986

HAR 86 Harmon P., King, D.: Expertensysteme in der Praxis, Oldenbourg Verlag (dt. Übersetzung), München 1986

HAU 71 Hauschildt, J.: Entwicklungslinien der Bilanzanalyse: in ZfbF, 23. Jhrg., Handelsblatt GmbH Verlag, Düsseldorf 1971, S. 335-351

HAY 83 Hayes-Roth, F. u.a.: Building Expert Systems, Addison-Wesley Publishing Company Inc, London 1983

HEI 76 Heinen, E.: Betriebliche Kennzahlen - eine organisationstheoretische und kybernetische Analyse. In: HEINEN, E. (Hrsg.): Grundlagen der entscheidungsorientierten BWL, Goldmann Verlag München 1976, S. 163-180

HEI 79 Heim, K.: Methoden der Leistungsanalyse von DV-Systemen, in: Das Rechenzentrum, 2. Jhrg., Heft (2), C. Hanser Verlag, München 1979, S. 70-86

HEN 85 Hennings, R.-D.; Munter, H.: Artificial Intelligence, 1. Expertensysteme, Mathware-Verlag, Berlin 1985

HOF 84 Hoffmann F.: Computergestützte Informationssysteme, Oldenbourg Verlag, München 1984

HOR 85 Horvath P.: Controlling der Informationsverarbeitung, in: HMD, 22. Jhrg., Heft 124, Forkel Verlag, Wiesbaden 1985, S. 3-18

HÖH 83 Höhne, J.: Meßwertgenauigkeit bei Software-Sampling Monitoren, in: Das Rechenzentrum, 6. Jhrg., Heft (3), C. Hanser Verlag, München 1983, S. 161-168

HÖR 84 Hörner, P.: Entwicklung und Implementierung von Kostenrechnungsverfahren für Servicerechenzentren, Dissertation, Gießen 1984

HUB 85 Huber, G.: Entwurf eines Prototyp-Expertensystems, Diplomarbeit, München 1985

HUC 87 Huch, B.: EDV-Anwendungen im Controlling, Stand und Entwikklungstendenzen, in: Huch, B.; Stahlknecht, P. (Hrsg.): EDV-Anwendungen in Unternehmen, Blick durch die Wirtschaft Verlag, Frankfurt 1987, S. 161-174

HÜR 87 Hürlimann, W.: Künstliche Intelligenz, Expertensysteme und Problemlösungsmethoden: Wo stehen wir? In: IO Management Zeitschrift, 56. Jhrg., Nr.9, Verlag Industrielle Organisation, Zürich 1987, S. 396-400

IBM 78 IBM: Installation Management: Leitung und Steuerung des EDV-Bereiches 1978

IBM 83 IBM: Service Level Report Version 2, Allgemeine Informationen 1983

ISI 83 Nomina Gesellschaft (Hrsg.): ISIS-Software-Report, System-Programme, 14. Jhrg., Heft (1.4), Nomina Verlag, München 1983

ISI 87 Nomina Gesellschaft (Hrsg.): ISIS-Software-Report, System-Programme, 17. Jhrg., Heft (2.4), Nomina Verlag, München 1987

KOR 78 Koreimann, D.S.: Kostenverrechnung für Rechenzentren, in: Das Rechenzentrum, 1. Jhrg., Heft (3), C. Hanser Verlag, München 1978, S. 116-124

KÜT 83a Küting, K.: Kennzahlen als Instrument der Unternehmensführung, in: WIST 12. Jhrg., Heft (5), Beck u. Vahlen Verlag, München/Frankfurt 1983, S. 237-241

KÜT83b Küting, K.: Kennzahlensysteme in der betrieblichen Praxis. WIST, 12. Jhrg., Heft (6), Beck und Vahlen Verlag, München/Frankfurt 1983, S. 291-296

LAC 76 Lachnit, L.: Zur Weiterenwicklung betriebswirtschaftlicher Kennzahlensysteme. ZfbF, 28. Jhrg., Handelsblatt GmbH Verlag, Wiesbaden 1976, S. 216-230

LAC 79 Lachnit, L.: Systemorientierte Jahresabschlußanalyse, Gabler Verlag, Wiesbaden 1979

LAC 86a Lackner, U.: Ein wissensbasiertes Analyseprogramm zur Leistungbewertung von DV-Systemen, in: Praxis der Informationsverarbeitung und Kommunikation, 9. Jhrg., Heft (3), C. Hanser Verlag, München 1986, S. 45-48

LAC 86b Lackner, U.; Zorn, W.: Leistungsbewertung mit analytischen Modellen, in: Praxis der Informationsverarbeitung und Kommunikation, 9. Jhrg., Heft (4), C. Hanser Verlag, München 1986, S. 138-141

LIE 77 Liebig, V.W.: Kennzahlenanalyse - Grundlagen und Möglichkeiten der praktischen Anwendung. ZfbF - Kontaktstudium, 29. Jhrg., Handelsblatt Gmbh Verlag, Düsseldorf 1977, S. 71-77

LIE 81 Liebe, I.; Stolte, H.: Rechner-Abrechnung und Betriebsstatistik, in: Das Rechenzentrum, 4. Jhrg., Heft (1), C. Hanser Verlag, München 1981, S. 24-39

LIP 85 Lippold, H.: Kennzahlensysteme zur Steuerung und Analyse des DV-Einsatzes. HMD, 22. Jhrg., Heft (121), Wiesbaden 1985, S. 109-121

LUT 79 Lutz, G.: Erfahrungen mit einem ADV-System IBM /370, in: Görke, W. (Hrsg.): Zuverlässigkeit von Rechensystemen, Oldenbourg Verlag, München 1979, S. 121-129

MAR 83 Marusev, A.W.; Terheyden, A.: Controlling in der Praxis eines Service-Rechenzentrums, in: OR-Spektrum, Band 5, Heft (3), Springer Verlag, Berlin 1983, S. 149-169

MAR 87 Martin, W.: Rechnergestütztes operatives Controlling, in: Huch, B.; Stahlknecht, P. (Hrsg.): EDV-Anwendungen in Unternehmen, Blick durch die Wirtschaft Verlag, Frankfurt 1987, S. 175-182

MÄH 87 Mähler, V. u.a.: Experten über Expertensysteme, in: CM, 16. Jhrg., Computer Magazin Verlag, Heft (7/8), Langen 1987, S. 12-16

MER 82 Mertens, P. u.a.: Betriebswirtschaftliche Nutzeffekte und Schäden der EDV - Ergebnisse des NSI-Projektes, in: ZfB, 52. Jhrg., Heft (2), Gabler, Wiesbaden 1982, S. 135-153

MER 84 Mertens, P.; Griese, J.: Industrielle Datenverarbeitung 2, Informations- und Planungssysteme, 4. Auflage, Gabler, Wiesbaden 1984

MER 86 Mertens, P.; Allgeyer, K.; Däs, H.: Betriebliche Expertensysteme in deutschsprachigen Ländern, in: ZfB, 52. Jhrg., Heft (9), Gabler, Wiesbaden 1986, S. 905-939

MER 87 Mertens, P. u.a. (Hrsg.): Lexikon der Wirtschaftsinformatik, Springer Verlag, Berlin 1987

MES 85 Mescheder, B.: PROLOG-Implementierungssprache der künstlichen Intelligenz, in: Savory, S. (Hrsg.): Künstliche Intelligenz, Oldenbourg Verlag, München 1985, S. 91-107

MEU 79 Meuer, H.W.: Zuverlässigkeit von Universalrechnern, in: Das Rechenzentrum, 2. Jhrg., Heft (3), C. Hanser Verlag, München 1979, S. 142-153

MIC 86 Michels, J.: Marktpreise von Rechenzentren: Der Warenkorb kann teuer werden, in: ONLINE, Heft (10), Rudolf Müller GmbH Verlag, Köln 1986, S. 38-50

MUL 86 Muchsel, R.: Messung des Benutzerprofils im BS 2000, in: Das Rechenzentrum, 9. Jhrg., Heft (2), C. Hanser Verlag, München 1986, S. 69-83

NOL 85 Nold, H.-G.: Servicegrad von Rechenzentren, in: Das Rechenzentrum, 8. Jhrg., Heft (3), C. Hanser Verlag, München 1985, S. 160-180

PER 69 Perridon, L.;Steiner, M.: Finanzwirtschaft der Unternehmung, 2. Auflage, Vahlen Verlag, München 1980

PUP 86 Puppe, F.: Expertensysteme, in: Informatik Spektrum, Band 9, Heft 1, Springer Verlag, Berlin 1986, S. 1-13

RAU 82 Raulfs, P.: Expertensysteme, in: Brauer W. (Hrsg.): Informatik Fachberichte 59, Künstliche Intelligenz, Springer Verlag, Berlin 1982, S. 61-95

RAY 81 Raysz,P.; Graef, M.: Fünf Rechenzentren im Vergleich, in: Das Rechenzentrum, 4. Jhrg., Heft (3), C. Hanser Verlag, München 1981, S. 173-177

REI 76 Reichmann, T.; Lachnit, L.: Planung, Steuerung und Kontrolle mit Hilfe von Kennzahlen, in: ZfbF 28. Jhrg., Handelsblatt GmbH Verlag, Düsseldorf 1976, S. 705-723

RET 84 Retti, J. u.a. Artificial Intelligence: Eine Einführung, Springer Verlag, Stuttgart 1984

REU 87 Reulecke, U.: Verursachungsgerechte Abrechnung von RZ-Kosten, Diplomarbeit am Fachgebiet Wirtschaftsinformatik der Universität Osnabrück, Osnabrück 1987

RIC 83 Rich, E.: Artificial Intelligence, Mc Graw-Hill Verlag, New York 1983

RÖH 81 Röhrs, H.P.: EDV-Kosten und Leistungsrechnung, Ziele - Strukturen - Leistungskriterien, Dissertation, Braunschweig 1980

SAS 86 SAS Institut (Hrsg.): Kurzbeschreibung zum SAS System Computer Performance Evaluation, Heidelberg 1986

SCA 86 Schachter-Radig, R.: Neue Ansätze der SW-Technologie, in: Schnupp, P. (Hrsg.): State of the Art, Heft (1), Expertensysteme, Oldenbourg Verlag, München 1986, S. 17-25

SCB 83 Schubring, W.B.: Betriebs- und Leistungsübersichten an Rechenzentren, in: Das Rechenzentrum, 6. Jhrg., Heft (2), C. Hanser Verlag, München 1983, S. 69-93,

SCE 83 Schneider, H.J.: Lexikon der Informatik und Datenverarbeitung, Oldenbourg Verlag, München 1983

SCH 82 Schall, S.: Der 'Konstanzer Leistungstest' als Basis einer Benchmark-Normung, in: Das Rechenzentrum, 5. Jhrg., Heft (1), C. Hanser Verlag, München 1982, S. 21-30

SCI 86 Schmitz, P.; Lenz, A.: Abgrenzung von Expertensystemen und konventioneller ADV, in: BFup, 38. Jhrg., Heft (6), Neue Wirtschaft-Briefe Verlag, Herne/Berlin 1986, S. 499-516

SCL 82 Schelle, H.: Projektkennzahlen und Projektkennzahlensysteme, in: Angewandte Systemanalyse Band 3, Heft (3), Köln 1982, S. 118-132

SCM 86 Schmidt, A.: Das Controlling als Instrument zur Koordination der Unternehmungsführung, P. Lang Verlag, Frankfurt/M. 1986

SCN 83 Schnupp, P.: PROLOG als Spezifikations und Modellierungswerkzeug, in: Tagungsband Requirements Engineering, Informatik Fachberichte 74, Springer Verlag, Berlin 1983, S. 173-182

SCN 85 Schnupp, P.: PROLOG. Computer Magazin Sonderheft Programmiersprachen, 14. Jhrg., Computer Magazin GmbH Verlag, Stuttgart 1985, S. 46-48

SCR 78 Scheer, A.W., Brandenberg, V., Krcmar, H.: Fünf Thesen zur Wirtschaftlichkeitsrechnung von EDV-Systemen- Ausweg durch Simulation, in: ONLINE, Heft (10), Rudolf Müller Verlag, Köln, 1978, S. 792-796

SCT 83 Schult, E.: Bilanzanalyse, 5.Auflage, Rudolf Henfe Verlag, Freiburg i.B. 1983

SCU 86 Schumann, M; Wittmann, S.; Mertens, P.: Expertensysteme zur Unterstützung des Wirtschaftsprüfers? In: BFuP, 38. Jhrg., Heft (6), Neue Wirtschaftbriefe Verlag, Herne/Berlin 1986, S. 517-531

SCW 70 Schwentag, K.; Glittenberg, U.: in: Handwörterbuch des Rechnungswesens, Enzyklopädie der Betriebswirtschaftslehre, Band III, Poeschel Verlag, 1970 S. 1775-1785

SIE 82 Siemens AG (Hrsg.): Softwareprodukt RAV-X V. 2.3, Kurzbeschreibung, München 1982

SEI 83 Seibt, D. Methoden, Verfahren und Systeme zur Unterstützung des DV-Controllings, in: EDV-Controlling, CW-Publikation, München 1983, S. 203-234

SEL 86 Selig, J.: EDV-Management: Eine empirische Untersuchung der Entwicklung von Anwendungssystemen, in: Reihe Betriebs- und Wirtschaftsinformatik Band 16, Springer Verlag, Berlin 1986

SER 83 Serfling, K.: Controlling, Kolhammer Verlag, Stuttgart 1983

SHI 82 Shirai, Y.; Tsujii, J.: Artificial Intelligence, Concepts Techniques and Applications, Shoten Publishers, Tokyo 1982

SIE 86 Sieben, G.: Expertensysteme zur Bewertung ganzer Unternehmen? In: BFuP, 38. Jhrg., Heft (6), Neue Wirtschaft-Briefe Verlag, Herne/Berlin 1986, S. 532-549

SOM 84 Sommer, K.: RZ-Automation - Empfehlungen zur sicheren, rationellen und wirtschaftlichen DV-Produktion, in Leistungsoptimierung und Leistungssicherung in Rechenzentren, CW Publikation, München 1984,S.95-108

STA 78 Stahlknecht, P.: Erfahrungen mit der Abrechnung von Rechenzentrums-Dienstleistungen in einem Mischkonzern, in: Mertens, P. u.a. (Hrsg.): Abrechnung von Rechenzentrums-Dienstleistungen, C. Hanser Verlag, München 1978, S. 83-102

STA 81 Stahlknecht, P.: Einsatzmöglichkeiten von quantitativen Verfahren und OR-Modellen für das DV-Management. OR Spektrum, Band 3, Heft (2), Springer Verlag, Berlin 1981, S. 65-90

STA 85 Stahlknecht, P.; Nonhoff, J.: Zentrales Rechenzentrum und/oder dezentrale Rechenzentren? Modellgestützte Untersuchung zur optimalen DV-Verteilung, in: Beiträge des Fachbereichs Wirtschaftswissenschaften Nr.8509, Osnabrück 1985

STA 87 Stahlknecht, P.: Einführung in die Wirtschaftsinformatik, 3. Auflage, Springer Verlag, Berlin 1987

STD 83 Stede, M.: Einführung in die künstliche Intelligenz Band 1, Luther Verlag, Sprendlingen 1983

STE 69 Staehle, W.: Kennzahlen und Kennzahlensysteme, Gabler Verlag, Wiesbaden 1969

STR 86 Struss, P.: Gibt es Expertensysteme? Computer Magazin, 15. Jhrg., Heft (5), CM Publishing Verlag, Stuttgart 1986, S. 49-53

STÜ 83 Stübner, R.; Martin, R.: Zuverlässigkeit von Hardware-Monitor-Messungen, in: Das Rechenzentrum, 6. Jhrg., Heft (3), C. Hanser Verlag, München 1983, S. 154-160

SVD 81 Schweizerische Vereinigung für DV (Hrsg.): Praxisbezogenes Instrumentarium zur Beurteilung der EDV-Wirtschaftlichkeit, 2. Auflage, Haupt Verlag, Bern, Stuttgart 1981

TER 79 Terplan, K.: Messungen in TP-orientierten Systemen, in: Das Rechenzentrum, 2. Jhrg., Heft (2), C. Hanser Verlag, München 1979, S. 101-113

TEU 79 Teuffel, M.: Leistungsüberwachung in Rechenzentren - Ein Problem der Datenverarbeitung, in: Das Rechenzentrum, 2. Jhrg., Heft (2), C. Hanser Verlag, München 1979, S. 62-69

TEU 81 Teuffel, M.: Service-Qualität im Rechenzentrum, in: Das Rechenzentrum, 4. Jhrg., Heft (2), C. Hanser Verlag, München 1981, S. 119-126

THI 82 Thienell, K.: Entwicklung eines Planspiels zur Gewinnung effizienter Reaktionsstrategien bei Störungen im DV-Projektablauf auf der Basis empirischer Untersuchungen, Dissertation, Berlin 1982

TRE 83 Trefz, W.: Anforderungen an das Rechenzentrum der Zukunft, in: Brauer, W. (Hrsg.): 5. GI Fachgespräche über Rechenzentren: Betrieb von DV-Systemen in der Zukunft, Springer Verlag, Berlin 1983, S. 308-333

VIS 80 Vis, B.J.: Problem Management Facility, in: Das Rechenzentrum, 4. Jhrg., Heft (1), C. Hanser Verlag, München 1980, S. 45-55

VOL 86 Volk, O.K.: Expertensysteme für den betrieblichen Einsatz, Ansätze und Probleme, in: BFuP, 38. Jhrg., Heft (6), Neue Wirtschaft-Briefe Verlag, Herne/Berlin 1986 S. 550-564

WAL 84 Wall, D.; Götemann, W.: Zur Entwicklung der Bedienungsvorgänge im Maschinensaal des Rechnezentrums, in: Das Rechenzentrum, 7. Jhrg., C. Hanser Verlag, München 1984, S. 201-210

WER 81 Werner, A.: Formale Analyse und Bewertung von Programmen und Programmsystemen als Beitrag zur Beurteilung von Software-Produkten, Dissertation, Berlin 1981

WIN 78 Windfuhr, M.: G.U.I.D.E Was ist das? In: Das Rechenzentrum, 1. Jhrg., Heft (1), C. Hanser Verlag, München 1978, S. 26-40

WIR 80 Wirtz, K.W.: Messung der Programmierer-Produktivität bei der Entwicklung betrieblicher Anwendungsprogrammsysteme, Wison Verlag, Köln 1980

WIT 79 Witte, T.: Heuristisches Planen, in: Adam, D. (Hrsg.): Beiträge zur industriellen Unternehmensforschung, Band 9, Gabler Verlag, Wiesbaden, 1979

WÖH 81 Wöhe, G.: Einführung in die Allgemeine Betriebswirtschaftslehre, 14. Auflage, Franz Vahlen Verlag, München 1981

YAS 80 Yasler, S. N.: Getting Started With Performance Measurement, in: Das Rechenzentrum, 3. Jhrg., Heft (1), C. Hanser Verlag, München 1980, S. 13-22

ZEL 86 Zelewski, von S. : Das Leistungspotential der künstlichen Intelligenz, eine informationstechnisch-betriebswirtschaftliche Analyse, Band 1-3, Wehle-Witterschlick-Verlag, Bonn 1986

ZIE 84 Ziegenbein, K.: Controlling, Kiehl Verlag, Ludwigshafen 1984

ZIL 83a Zilahi-Szabó, M.G.: Kostenrechnungsverfahren für Servicerechenzentren, in: Das Rechenzentrum, 6. Jhrg., Heft (4), C. Hanser Verlag, München 1983, S. 233-251

ZIL 84a Zilahi-Szabó, M.G.: Kennzahlenbildung für Rechenzentren, in: Das Rechenzentrum, 7. Jhrg., Heft (2), C. Hanser Verlag, München 1984, S. 111-115

ZIL 84b Zilahi-Szabó, M.G.: Kennzahlenbildung für Rechenzentren, in: Das Rechenzentrum, 7. Jhrg., Heft (3), C. Hanser Verlag, München 1984, S. 137-149

ZIM 83 Zimmermann, W.L.: Formeln und Kennzahlen in der Datenverarbeitung und Organisation, in: WIST, Heft (4), München/Frankfurt 1983, S. 190-194

ZVE 76 Zentralverband der Elektrotechnischen Industrie E.V.: ZVEI-Kennzahlensystem, Ein Instrument zur Unternehmenssteuerung, 3. Auflage, Frankfurt/M. 1976

Stichwortverzeichnis

Band 19: **M. Schumann**

Eingangspostbearbeitung in Bürokommunikationssystemen

Expertensystemansatz und Standardisierung

1987. DM 54,–. ISBN 3-540-17369-2

Band 20: **T. Noth**

Unterstützung des Managements von Software-Projekten durch eine Erfahrungsdatenbank

1987. DM 69,–. ISBN 3-540-17842-2

Band 21: **H. Demmer**

Datentransportkostenoptimale Gestaltung von Rechnernetzen

1987. DM 69,–. ISBN 3-540-17919-4

Band 22: **J. Becker**

Architektur eines EDV-Systems zur Materialflußsteuerung

1987. DM 65,–. ISBN 3-540-18349-3

Band 23: **P. Haun**

Entscheidungsorientiertes Rechnungswesen mit Daten- und Methodenbanken

1987. DM 55,–. ISBN 3-540-18418-X

Band 24: **E. Plattfaut**

DV-Unterstützung strategischer Unternehmensplanung

1988. DM 45,–. ISBN 3-540-18631-X

Band 25: **R. Brombacher**

Entscheidungsunterstützungssysteme für das Marketing-Management Gestaltungs- und Implementierungsansatz für die Konsumgüterindustrie

1988. DM 69,–. ISBN 3-540-18667-0

Band 26: **F. Schober**

Modellgestützte strategische Planung für multinationale Unternehmungen

Konzeption, Potential und Implementierung

1988. DM 78,–. ISBN 3-540-18767-7

Band 27: **J. Hofmann**

Aktionsorientierte Datenverarbeitung im Fertigungsbereich

1988. DM 49,–. ISBN 3-540-18798-7

Band 28: **W. Brenner**

Entwurf betrieblicher Datenelemente

Ein Weg zur Integration von Informationssystemen

1988. DM 55,–. ISBN 3-540-18951-3

Band 29: **R. Oetinger**

Benutzergerechte Software-Entwicklung

1988. 43 Abbildungen. XIV, 305 Seiten. Broschiert
DM 78,–. ISBN 3-540-19135-6

Band 30: **G. Zimmermann**

Produktionsplanung variantenreicher Erzeugnisse mit EDV

252 Abbildungen. XII, 515 Seiten. Broschiert
DM 120,–. ISBN 3-540-19203-4

Band 31: **P. Mertens, V. Borkowski, W. Geis**

Betriebliche Expertensystem-Anwendungen Eine Materialsammlung

1988. 24 Abbildungen. VI, 215 Seiten. Broschiert
DM 49,80. ISBN 3-540-19268-9

Band 32: **R. Thome** (Hrsg.)

Systementwurf mit Simulationsmodellen

Anwendergespräch, Universität Würzburg, 10. 12. 1987
1988. DM 59,–. ISBN 3-540-19454-1

Band 33: **W. Ruf**

Ein Software-Entwicklungs-System auf der Basis des Schnittstellen-Management Ansatzes für Klein- und Mittelbetriebe

1988. DM 78,–. ISBN 3-540-50364-1

Band 34: **A. Back-Hock**

Lebenszyklusorientiertes Produktcontrolling

Ansätze zur computergestützten Realisierung mit einer Rechnungswesen-Daten- und Methodenbank

1988. DM 58,–. ISBN 3-540-50413-3

Springer-Verlag
Berlin Heidelberg New York
London Paris Tokyo Hong Kong